人生に迷わない!

「決断力」の磨き方

植西聰
Akira Uenishi

マイナビ

はじめに

人生は、ある意味、「迷い」の連続です。

「どちらを選択するか」

「承諾するべきか、断るほうがいいのか」

「どれを買うか」

「何を捨てるか」

など、人は日常的に様々なことに迷いながら生きていきます。

とはいえ、

「いつまでも迷っている」

「いつまでも決断できないでいる」

というのは良くありません。

「決断しない」のでは、その人の人生は前に進んで行かないからです。

そして前へ向かって一歩を踏み出す決断をしない限り、その人は夢に近づいてはいけません。

人生を前に進めるという決断をしない限り、幸福というものに手が届くところまで歩いていけないのです。

従って、人生では「迷いを振り切って、決断する」ということが非常に重要になってきます。

しかし残念ながら、

「なかなか迷いを吹っ切れない」

「いつまでも決断できない」

という人もいます。

本書では、そのような悩みを持つ人に、「決断するコツ」を様々な角度からアドバイスしています。

「迷ってばかりいる」という人は、往々にして、「決断する」ということが、とても難しいことのように思いがちです。

しかし実際には、コツさえ掴めば、「決断する」ということはそれほど難しいことではないと思います。

その上で、まず最初に指摘しておきたいことは、「迷う」ということをあまり否定的に考えないほうが良いということです。

「迷う」のは、言い換えれば、それだけ自分の人生を真剣に考えている証しである、と言えるでしょう。

「自分の人生をより有意義なものにするためには、どうすればいいか？」ということについて真面目に考え取り組んでいるから、色々なことについて「迷う」のです。

ですから、そのような「迷う自分」を肯定的に受け入れて、そこから「決断」に向かって一歩を踏み出すほうがいいと思います。

そこで「迷う自分」を「ダメな自分」「弱い自分」というように否定的に考えてしまうと、「決断」に向かって一歩を踏み出すどころか、むしろ、「決断」から遠ざかってしまう結果になりやすいのです。

従って、自分という人間を、やさしく肯定的に受け入れることが大切です。

植西 聰

人生に迷わない！「決断力」の磨き方

第1章　明確な目的を持って決断する

第2章 「楽しい」を基準にして決断する

第3章　人の幸福を考えて決断する

第4章　希望を持つと決断できる

第5章　他人をうらやましく思うと、心に「迷い」が生まれる

第6章　人に相談して、迷いを解決する

第8章　「間違った決断」をしないためのコツ

◆本文中には、™、©、®などのマークは明記しておりません。

◆本書に掲載されている会社名、製品名は、各社の登録商標または商標です。

◆本書によって生じたいかなる損害につきましても、著者ならびに(株)マイナビ出版は責任を負いかねますので、あらかじめご了承ください。

◆本書の内容は2024年9月末現在のものです。

◆文中敬称略。

第1章

明確な目的を持って決断する

◉目標が明確になっている人は、大きな決断ができる

人生において、「目的を明確にする」ということは非常に重要です。

「目的を持つ」ということで、生きがいや働きがいが生まれるからです。

「目的を持つ」ことで、迷いを吹っ切り、強く決断できるようにもなります。

中学生でプロの将棋《しょうぎ》の棋士《きし》になった男性がいます。

それだけ、すばらしい才能に恵まれていたのです。

彼は中学校を卒業してから、ある名門高校に入学しました。

しかし、その高校を途中退学しました。

その理由を、「将棋に強くなることだけに集中したかった」と語りました。

彼にとっては、せっかく入学した名門の高校なのですから、そこを退学するに当たっては迷いもあったと思います。

それでも、彼は退学するという大きな決断をしました。

なぜ迷いを吹っ切って決断できたのかと言えば、それは「将棋に強くなりたい」という明確な目的意識があったからだと思います。

そういう意味で言えば、「迷ってばかりで決断できない」という人は、自分ならではの人生の目的を持つことが大切です。

たとえば、「好きな仕事で成功する」「家族みんなで幸せになる」「五年後に家を買う」といった目標を持つのです。

何でもいいですから、そのような目標を設定することで、迷いを吹っ切って大きな決断ができるようになると思います。

何でもいいから人生の目標を持ってみる。

◉「目的」があるからこそ、活力ある人生を実現できる

人生においては、「目的を持つ」ということがとても重要です。

また、それが、迷いを吹っ切って大きな決断をするためのコツになります。

アメリカの牧師であり、数多くの成功哲学の本を書いた人物に、ジョセフ・マーフィー（19～20世紀）がいます。彼は、

「目的こそ活力の源泉である。

人間は目的がないと、迷ってばかりいて、なかなか行動しない。

そして、行動がなければ、成功もない。

迷いを振り切って決断し、行動をおこすためには、目的を持つ必要がある（意訳）」

と述べました。

この言葉にある通り、「目的を持つ」ということは、その人に「生きる活力」を与えてくれます。

そのような活力があるからこそ、迷いを振り切って、力強く決断し、またパワフルに行動していくことができるのです。

言い換えれば、「迷ってばかりで決断できない」というのは、生きる活力が弱まっている証しなのかもしれません。

そのような時には、心に活力を注入する必要があります。

心に活力を注入するには、何か「目的を持つ」ということが一番効果的なのです。

さらに、目的があることで「がんばろう」という元気が出てきます。

そして、成功へ向かって決断し、即座に行動できるようになります。

その結果、人生が喜びにあふれたものになるでしょう。

迷ってばかりいるのは、心の活力が弱まっているからである。

◉人生には、「賭《か》け」をしなければならない時もある

古代ローマ時代の英雄に、カエサル（シーザー）（紀元前1世紀）がいます。

繁栄した古代ローマの土台を築いた人物です。

彼の有名な言葉に、「賽《さい》は投げられた」というものがあります。

この言葉にある「賽」とは、「サイコロ」のことです。

「サイコロを投げる」とは、「賭《か》けをする」という意味です。

「賭けをする」とは、言い換えれば、「うまくいくか失敗するかわからないことにチャレンジする」ということです。

つまり、この言葉は、「うまくいくか失敗するかわからない状況であっても、大きなことを成し遂げるためには、迷いを吹っ切って決断しなければならない」という意味を表しています。

カエサルはローマの軍人でした。

ローマの勢力を拡大するために、軍隊を率いて北方へ遠征していたのです。

その遠征地から帰って来る時のことです。

彼の軍隊はルビコン川に差しかかりました。

当時、武装したままルビコン川を越えてローマの中へ入ることは禁じられていました。

しかし、カエサルは、「混乱したローマに平和と安定を築くためには、武力の力でローマを平定するしかない」と考え、武装したままローマへ入ったのです。

その際に彼が述べた言葉が、「賽は投げられた」です。

彼が、なぜ、このような大きな決断ができたかと言えば、それは「ローマに平安をもたらしたい」という明確な目的意識があったからです。


大きなことを成し遂げるには、迷いを吹っ切る必要がある。

◉目的を持って決断してこそ、人生は意味あるものとなる

「迷ってばかりいて、何もしないままで終わる」という人生は、その人にとってはまったく無意味なものになってしまうのではないでしょうか。

言い換えれば、迷いを吹っ切って決断し、積極的に行動を起こしてこそ、人生は意味あるものになります。

迷うことなく決断し、また、行動するためには、「目的を持つ」ことが大切です。

古代ギリシャの哲学者であるアリストテレス（紀元前４世紀）は、

「人間は、目標を追い求める生き物だ。

目標に向かい努力することによってのみ、人生が意味あるものとなる」

と述べました。

これは「目的を持つ」ことの重要性を指摘した言葉だと思います。

その目的とは、たとえば、次のような身近なものでもいいのです。

「週末に恋人とデートする」ということです。

それだけで心が元気になってきます。

そして、「週末までに仕事をやり終えなければならない。そのためには迷っている暇なんてない。即、行動だ」と考えられるようになります。

迷ってばかりいて、週末までに仕事を終えられなかったら、恋人とのデートをキャンセルするしかなくなってしまうでしょう。

目的を持つと、そのような残念なことにならないように、てきぱきと決断し行動できるようになるのです。

ですから、自分なりに目的意識を明確にして暮らしていくほうが得策です。

自分なりに「楽しい目的」を設定してみる。

◉成功を手にするためには、時には「危険をおかす」必要もある

幕末の幕府側の英雄に、近藤勇《こんどういさみ》（19世紀）がいます。

新選組を率いて、幕末の京都の治安を守るために活躍した人物です。

とはいっても彼は、もともと武士ではありませんでした。

現在の東京都調布市の農民の息子でした。

しかし、若い頃から剣術に熱中し、天然理心流《てんねんりしんりゅう》という当時の剣術の流派の指導者にまでなりました。

そんな時、幕府によって、京都へ行く将軍徳川家茂《とくがわいえもち》の警護役の募集が行われました。

彼は、その募集に応募して弟子と共に京都へ行き、京都守護職となった会津藩主・松平容保《まつだいらかたもり》の配下となって、京都の治安を守るために新選組を結成することになったのです。

当時、将軍の警護役として京都に行くに当たっては、もちろん彼にも迷いがあった

と思います。

当時の京都は社会的に混乱し、とても危険だったからです。

しかし、その迷いを吹っ切って大きな決断ができたのは、「武士として成功したい」という明確な目的意識があったからです。

成功を手にするためには、時に、危険をおかさないとならない場合もあります。

当事者とすれば、その危険が大きいほど、行動を起こすべきかどうか迷うことになるでしょう。

その際に、迷いを吹っ切って決断するために必要なのが、「成功したい」「大きなことを成し遂げたい」という強い目的意識なのです。

強い目的意識を持って行動を起こす。

◉目的意識がある人は、「あきらめない人」でもある

目的意識がしっかりしていない人は、物事がうまくいかなくなると、すぐに「やめようかな」と迷ってしまいがちです。

しかし、目的意識がしっかりしている人は、たとえ物事がうまくいかない状況になったとしても、そこで「続けるか、やめるか」ということに迷うことはありません。

それよりも、目標を達成するために、「うまくいかない状況を、どうやって乗り超えるか」ということを考え、決断し、行動を起こすのです。

たとえば、自己成長のための勉強も、そうではないでしょうか。

英会話の勉強を始めても、途中で挫折する人もいます。

そのような人は、目的意識がはっきりしないまま、何となく英会話の勉強を始めた、という人なのかもしれません。

一方で、目的意識が明確な人もいます。

「海外に留学するために、英会話の勉強をする」

「英会話の勉強をすることによって仕事の質を上げて、成功に近づく」

「世界中を旅行する」

といった目的意識が明確にある人は、壁に突き当たって勉強が進まない時があっても、そこで「勉強するのをやめようか」と迷うことはないと思います。

むしろ、その壁を乗り越えるために、前向きに色々な工夫をするよう努力するのではないでしょうか。

西洋の格言には、「成功への道は、あきらめないことである」というものがあります。「あきらめない」ためには、明確な目的意識を持つ必要があります。「何となく、やっている」では、途中で挫折することになりがちです。


目的意識がないから、途中で挫折することになる。

◉「捨てる」という大きな決断をしなければならない時もある

仏教の創始者は、ゴータマ・ブッダ（紀元前5〜4世紀頃）という人物です。彼は、もとは古代インドのシャカ国の王子様でした。

成人した彼は、ある日宮殿を出て、町の様子を見に行きました。

そこで彼は、老いた人間と、病気に苦しむ人間、そして死んでいく人間の姿を目にしました。

人生の哀れさを知った彼は、王族としての身分を捨てて出家し修行者になりました。

その時、彼には、もちろん迷いがあったと思います。

王族のままでいれば、何不自由のない生活ができたからです。

しかし、彼には「悟りを得て、人生の苦しみを乗り越えたい」という強い目的意識がありました。

そのような目的意識があったからこそ、迷いを吹っ切って「すべてを捨てて、修行者になる」という決断ができたと思います。

そして彼は、長い修行の末に、実際に悟りを得て、その悟りを世の中の人たちに広げるために仏教を創始したのです。

大きなことを成し遂げるためには、このブッダのように「今持っているものを捨てる」という決断をする時が必要なこともあります。

しかし一方で、人間には「今ある地位や、今の生活を捨てたくない」という心理もあります。

この「捨てなければならない」と「捨てたくない」という思いの間で、人は迷うことになるのです。

その時、強い目的意識があれば、大きな決断を下すことができます。

捨てることで得られる「悟り」もある。

◉目的を持って生きると、人生が充実してくる

アフリカで、恵まれない人たちのために生活支援の活動をしている女性がいます。

彼女は、もともと、日本国内の大手企業の社員でした。

そんな彼女は、テレビで、アフリカで貧困のために苦しんでいる人たちの様子を見ました。

そこで大きな衝撃を受けて、「アフリカの恵まれない人たちのために何かしたい」という思いを持ちました。

そして、アフリカの支援活動をしている団体に参加することにしました。

しかし、そのためには勤めている会社を辞めなければなりません。

彼女は、「当時は、迷いもありました。なぜなら、もし会社を辞めれば、安定した生活を捨てることになるからです」と言っていました。

けれども、最終的にはその「安定した生活」を捨てて、アフリカへ行って恵まれな

い人たちを支援する活動に身を投じる決断をしたのです。

彼女が、どうしてそのような大きな決断ができたのかといえば、やはり「貧困にあえぐ人たちのために何かしたい」という強い目的意識があったからだと思います。

そして、今、その目的のために生きている彼女は、「会社員だった頃に比べて収入は大幅に減少しましたが、生活は会社員だった頃よりもずっと充実している」と語っていました。

この事例の女性のように、「捨てる」という大きな決断をすることによって、かえって充実した人生を送れるようになる、ということもあります。

目的を持ち、そのために努力することで、その人の人生は充実したものになるのです。

収入が下がっても、目的をしっかり持って生きる。

◉「最後心《さいごしん》」を持って、今日という日を生きてみる

迷いを吹っ切って、大きな決断をするためのコツの一つに、「最後心《さいごしん》を持つ」ということが挙げられます。

この「最後心」とは、「今日という日が、もし人生で最後の日だったら、どうするか」ということを強く意識してみる、ということです。

もちろん本当に、今日という日が人生最後の日になるというわけではありません。意識の持ち方として、そのように考えてみるのです。

「もし人生で最後の日だったら」という意識を持つメリットの一つは、「目的が明確化する」ということです。

自分には今日という日しか残されていないと考えると、まずは「自分のやりたいことをやろう」と考えると思います。

その結果、目的が明確化するのです。

また「今日にしようか、明日にしようか」などと迷っている暇はありません。明日という日はないのですから、「やりたいこと」に向かって、すぐ行動することを決断できるようになると思います。

つまり、「最後心を持つ」とは、このように一日の生活の中で、行動的に生きる、ということに役立つのです。

そのようにして一日一日を最後心を持って生きていくと、その日一日の生活が充実したものになります。

その結果、一日一日の集合体である「人生」というものも、また、とても充実したものになります。

一日の生活が充実することで、人生も充実したものになる。

◉「何時までに、これを終わらせる」という意識を持つ

ある女性は、もともと決断力のない性格でした。

彼女は仕事においても色々なことで迷ってしまうことが多く、そのために仕事が遅れて周りの人たちに迷惑をかけることもあったようです。

そんな彼女は、あることをきっかけにして、そのような性格を克服して、物事をてきぱきと進められるようになりました。

それは、「時間と目標を強く意識するようにする」ということでした。

たとえば、朝、会社に着いた時に「お昼休みになる12時」という時間を強く意識します。

そして、「12時までに、この仕事を終わらせる」という目標を立てます。

午後は、「終業時間である5時」という時間を強く意識します。

そして、「5時までに、この仕事をやり終える」という目標を立てます。

そうすれば、その決まった時間までに仕事をやり終えなければなりませんから、迷っている暇などありません。

必然的に、てきぱきと仕事をこなしていかなければならなくなりました。

彼女はそれまで、そのような時間という意識があまりありませんでした。

また、目標を持って仕事をする、ということもありませんでした。

そのために、仕事で判断を迫られる時に、「いつまでも迷ってしまう」ということになりやすかったのです。

しかし、時間と目標というものを強く意識するようになってからは、迷うことも減り、てきぱきと仕事をこなしていけるようになったのです。

時間の意識がないと、いつまでも迷ってしまう。

◉目的意識があると、お金の使い方が上手くなる

明確な目的意識を持つことで、「お金の使い方が上手になる」ということがあります。

ある女性は「年に一度、豪華な旅行をする」という目的を持っています。

その旅行の時は、ちょっとだけぜいたくなホテルに泊まったり、普段行ったことがないようなレストランに行ったり、あるいは海外へ旅行したりします。

豪華な旅行をするために、彼女は、日頃はとても質素な生活を送っています。

たとえば、デパートに行った時、気に入った商品を見つけたとします。

そして、「買おうかな」と迷います。

そんな時、「でも、旅行のためのお金を節約しなければならないから、必要がないものを買うのはやめよう」と考えて、迷いを吹っ切って、必要のないものを買うのを我慢するのです。

そのようにして、年に一度の旅行以外のことで、お金を無駄に使うことはないのです。

そういう意味で、お金の使い方が上手くなっているのを、彼女は実感しています。

それというのも、「年に一度、豪華な旅行をする」という目的がはっきりとあるからなのです。

何か欲しいものを見つけた時、「買おうか買わないか」と迷うことは、一般的によくあることだと思います。

必要のないものを買って、後で後悔することもあります。

そのようなことになるのは、もしかしたら、この事例の女性のような「明確な目的意識」を持っていないからなのかもしれません。

お金の使い方が上手になるためにも、何か目的を持つほうがいいと思います。

お金の無駄遣いをしないためにも、人生の目的を持つ。

第2章

「楽しい」を基準にして決断する

◉「得か損か」ではなく、「楽しい」を決断基準にする

人生はある意味、「Aを取るか、Bにするか」「Aへ行くか、Bへと進むか」という選択の連続だといえます。

就職にしても、あるいは結婚にしても、何かを買うにしても、どこかへ引っ越すにしても、そのような「選択」を迫られるものなのです。

そして、その際「迷ってばかりいて、決断できずに困っている」という状況に陥ってしまう人もいます。

そのような時、迷いを吹っ切って決断するコツに「判断する基準を変えてみる」というものがあります。

たとえば「得か損か」という基準で物事を決めようとするのではなく、「どちらのほうが人生を楽しめるか」ということを基準にして判断するのです。

あらゆる物事には、良い面と悪い面があります。

Aを選択するほうが得だと思えても、よく考えてみれば、そのAにも悪い要素が見えてくる場合もあります。

Bを選択すると損するだろうと思える場合であっても、「もしかしたら、かなりの得になるかもしれない」という可能性が残っている場合もあります。

そういう意味から「得か損か」を基準に判断しようとすると、むしろ「迷い」に心をとらわれて決断できなくなることが多いのです。

ですから、「損か得か」ということをあまり強く意識するのではなく、「どちらを選択するほうが、楽しく生きていけるだろうか」ということを意識して決断するのです。

この「楽しむ」ということを基準にして決断するほうが、余計な迷いにとらわれずに済むことが多いのです。

「得か損か」を気にすると、迷いを吹っ切れなくなる。

◉「得する決断」のはずが、後になって後悔することもある

「こちらを選択するほうが得だろう」と考えて決断した結果、後になって後悔することになるケースもあるようです。

Aさんという男性がいます。

彼は就職する際に、内定をもらった会社がいくつかありました。

どの会社に就職するか散々迷ったあと、Aさんはある会社に就職しました。

その会社が、内定をもらった会社の中で一番大きく、給料も良かったからです。

ですからAさんは、「その会社を選ぶことが、自分の人生にとっては得になる」と考えたのです。

しかし、Aさんが就職した会社での仕事は、非常にキツイものでした。

そのために働くことに喜びを得られず、今では、その会社に就職したことを後悔しているのです。

Aさんは結果的に、誤った決断をしたのです。

一方で、Bさんという人がいます。

彼は、待遇面では良い会社から内定をもらっていましたが、あえてその会社は避けて、ある有望な中小企業に就職しました。

その会社は、待遇面ではそれほど良くありませんでしたが、そこの仕事に何よりも魅力を感じました。

Bさんは、「大きな会社ではないが、そこでの仕事に就くほうが、僕は人生を楽しめるだろう」と確信できたのです。

実際に、彼は今、楽しく仕事に打ち込み、充実した日々を送っています。

やはり「得か損か」よりも「楽しめる」を基準に決断するほうがいいようです。

待遇が良くても、キツイ仕事もある。

◉余計な見栄を張ると、人生を楽しめなくなる

映画女優として活躍した女性に、オードリー・ヘプバーン（20世紀）がいます。彼女は、「何より大事なのは、人生を楽しむこと。幸せを感じること、ただそれだけだ」と述べました。

この言葉は、言い換えれば、「何かに迷った時には、『楽しむ』ということを優先して選択し、決断するのが賢明だ」という意味を示していると思います。

なぜなら、「人生を楽しむことで、人は幸福を実感できるようになる」からです。

たとえば、外で食事をしようと考えたとします。

その時、高級な寿司屋さんへ行くか、それとも庶民的な寿司屋さんへ行くか、迷ったとします。

そして、見栄を張って、高級な寿司屋へ行くと決めたとします。

しかし、そこで窮屈な思いをして食事を十分に楽しめなかったとしたら、その人は

幸福感を味わえないでしょう。

むしろ、庶民的な寿司屋で、寛《くつろ》いだ気持ちで食事をするほうが、楽しい気分を大いに味わえたでしょうし、また、幸福感も得られたかもしれません。

人生の選択では何事であれ、同じではないかと思います。

見栄のために決断するのは賢明ではないと思います。

「こちらのほうが楽しそうだ」という自分の思いに素直に従って、物事を決断していくのが良いと思います。

それが、「迷わないコツ」になります。

また、「楽しそうだ」という思いに従うほうが、後になって後悔することも少ないのではないかと思います。

人生を楽しんでこそ、人は幸福になれる。

◉見栄を張って結婚相手を決めると、「大きな石」を背負い込む

明治、大正、昭和にかけて活躍した小説家に、幸田露伴《こうだろはん》（19～20世紀）がいます。

この幸田露伴は、「見栄をかくと結局は、とても大きな石を担《かつ》ぐことになる（意訳）」と述べました。

この言葉にある「とても大きな石を担ぐ」とは、言い換えれば、「みずから大きな苦労を背負い込む」という意味になります。

たとえば、次のような女性がいました。

彼女はAさんとBさんという二人の男性から同時にプロポーズされました。

Aさんはやり手のビジネスマンで、たくさんの女性たちから憧れられる存在でした。

一方で、Bさんは、あまりパッとしない存在でしたが、性格が良く、一緒にいてとても楽しい人でした。

彼女は迷ったあと、Aさんと結婚することを決めました。

彼女には「Bさんと結婚するほうが、楽しい家庭を築いていけそうだ」という気持ちもありましたが、一方で、「Aさんと結婚すれば、周りの女友だちからうらやましく思われるだろう」という強い思いもありました。

そして、最終的には、「うらやましく思われたい」という見栄を優先して、Aさんと結婚したのです。

しかし、いざ一緒に生活を始めてみると、Aさんとの相性が合わず、結婚生活は辛いものになってしまいました。

この事例などは、幸田露伴の、この言葉の意味に通じるものがあると思います。

彼女は「見栄」よりも、「楽しそうだ」を優先して決断するほうが良かったかもしれません。

「楽しい」を優先して結婚について考える。

◉実力以上のことをやろうと思うと、かえって恥をかく

アメリカの心理学の実験に、次のようなものがあります。

複数の学生を集めて、試験を受けてもらいます。

その時に実験者は、学生たちに、「試験は二種類あります。Aという試験は、優秀な学生のために作られた難しい試験です。もう一つのBという試験は、ある程度難しい試験ではあるのですが、がんばれば十分に回答できるものです。あなたは試験Aと試験Bのどちらを選びますか」と問いかけるのです。

その結果、大学での成績があまり優秀でない生徒ほど、優秀な生徒向けに作られた試験Aを選択する割合が多かったと言います。

一方で、本当に優秀な生徒たちは、試験Aよりもむしろ試験Bを選択する人の割合が多かったというのです。

では、なぜ成績があまり優勢でない生徒たちが、自分の実力よりも勝る試験をAを

選択したのでしょうか。

それは「見栄」という心理が働いたからです。

あえて優秀な生徒向けの難しい試験を選ぶことで、周りの人たちから「すごいな」と思われたかったからなのです。

しかし、結果的には、自分の実力以上の試験に挑戦したのですから、良い点数を得られるわけがありません。

とても悪い点数のために、かえって恥ずかしい思いをしなければならなくなります。

これは人生全般について言えることなのですが、「つまらない見栄から人生の選択をすると、結局は自分が恥をかく」ということなのです。

自分の実力の範囲で見栄をはらず、決断するほうがいいと思います。

見栄から、実力以上のことをやろうと思わない。

◉「楽しむ」ということで、生産的な「好循環」が生まれる

「楽しむ」ということを優先するのは、その人の「成長」につながります。

勉強にしても、習い事にしても、楽しんでやっている人はその分野の成長が早いと言われています。

それが、「迷った時には、楽しむことを優先して決断するほうがいい」という理由の一つでもあるのです。

フリーランスとして仕事をしている男性がいます。

彼の仕事のモットーは、「儲かる仕事よりも、楽しめる仕事を優先する」ということだと言います。

もちろん生活するためのお金を稼ぐ仕事なのですから、ある程度は儲けることも大切です。

しかし、それ以上に彼は、「仕事を楽しむ」ということを優先して、依頼される仕

事を選んでいます。

彼は「結局それが、いい結果を生み出す」と言います。

仕事を楽しむことで、その仕事により熱中できます。

ですから、仕事の出来上がりも良くなるのです。

もちろん、仕事の依頼先からも喜んでもらえます。

また、楽しんで仕事をすることで、自分が成長します。

自分の仕事の技術が向上することで、より楽しめる仕事、よりやりがいのある仕事が舞い込むようになります。

「楽しむ」ことを優先して決断すると、このような「好循環」が生まれるのです。

ですから、彼も「迷った時には、楽しむことを優先する」と決めています。

楽しむから、いい仕事ができ、自分も成長する。

◉「楽しそう」という直感に従うと、たくさんの幸運が引き寄せられてくる

「これ、何だか、楽しそうだな」といった直感が働くことがあります。

このような「直感」は、人の潜在意識から発せられる「心の声」だとも言えます。

そのため、このような「直感」には、素直に従うほうが良い場合があります。

というのも、「直感」に素直に従うことで、思いがけない幸運に恵まれることがあるからです。

ある女性には、次のような経験があります。

彼女がまだ若く、独身時代だったころの話です。

ある日、新聞広告で、近所のスポーツクラブの広告を見ました。

そのスポーツクラブでは、ダンス（ズンバ）などのレッスンもあり、彼女は直感的に「楽しそうだな」と思いました。

一方で彼女は、「入会するのはいいけれど、長続きせずすぐに退会することになるかもしれない。そうなったらお金がもったいない」と考えたのです。

そして、しばらくの間、迷っていたのです。

しかし、最終的には、「楽しそう」という直感に従って、スポーツクラブに入会しました。

その結果、彼女には、いいことがたくさん起こりました。

一つには、ズンバという生涯を通して楽しめる趣味が持てたということです。

もう一つには、運動習慣が身について、心身共に健康になったということです。

そして、彼女は、そのスポーツクラブで友人がたくさんでき、今は幸せな生活を送っています。

「楽しそう」という直感に従うと、たくさんの幸運が引き寄せられてきます。

迷っているよりも、直感に従って決断してみる。

◉直感に従うことで、新しい人生の可能性が開ける

イタリアのルネッサンス期の天才に、レオナルド・ダ・ヴィンチ（15〜16世紀）がいます。

このダ・ヴィンチは、『モナリザ』などの絵を描いた天才画家として有名ですが、実は、彼が才能を発揮したのは絵の分野ばかりではなく、その他にも、医学や自然科学、都市設計など様々なジャンルで画期的なことを成し遂げたのです。

ダ・ヴィンチは、「新しいものを創造しようとするならば、直感に従うことが大切だ（意訳）」と述べました。

この言葉にある通り、ダ・ヴィンチは、数多くの画期的な偉業を「直感に従う」ということで成し遂げてきたのでしょう。

また、この言葉は、「人間が持つ直感には、すごい可能性が秘められている」ということを物語っているとも思えます。

そういう意味からも、「迷ったら、直感に従ってみる」ということを心がけていくほうがいいのではないかと思います。

直感に従ってみることで、自分の中に秘められていた可能性が突然開ける、ということもあるのではないでしょうか。

そこから、新しい人生が始まります。

より楽しい、より充実した人生が始まるのです。

人の中には、「直感が持つ力」をあまり重要視しない人もいます。

しかし、直感に従うべきかどうか散々迷った挙句に、何もしないで終わるのだとすれば、その人の人生には何も新しいことは起こらないでしょう。

絶えず新しい分野を切り開いていく人生のほうが楽しいと思います。

何もしないで終わる人生なんて、つまらない。

◉ラッキーなことが続けば、それは決断へのGOサインになる

大手企業に勤めていた、ある男性がいます。

彼が三十代の時の話です。

ある日突然、転勤を命じられました。

その転勤命令は、出世コースから外れることを意味していました。

そのために彼は、その会社を辞めるかどうか、ずいぶん悩みました。

しかし、もし会社を辞めてしまえば、次の日から収入がなくなります。

また、その先、どこか別の会社に転職するにしても、うまくやっていけるかわからないし、また、収入が下がってしまう可能性もあります。

そのために、勤める会社を辞めるという決断もできないでいました。

そんな時に、ラッキーなことが次々に起こりました。

具体的には、まず、初めて買った宝くじが当たりました。

以前から勉強していた資格試験に合格もしました。

結婚を前提にした彼女もできました。

彼は、「このようにラッキーなことが次々に起こるのだから、会社を辞めた後にも、いいことがたくさん起こるだろう」と思いました。

そして、思い切って勤めていた会社を辞めたのです。

その結果、とても有望な会社に転職することができ、その会社ではやりがいのある仕事を与えられました。

そのうえ、すばらしい業績を上げた彼は、その会社で出世することもできました。

このようにラッキーなことが次々に起こる時は、それは「迷いを捨てて決断することへのGOサイン」である場合が多いのです。

ラッキーなことが続く時は、決断した後もいいことが起こる。

◉迷った時には、「夢から送られてくる信号」に従ってみてもいい

ある若い女性は、ある時、海外旅行をしたいと思いつきました。

その際、彼女には、ぜひ行ってみたい国が二つありました。

それは、オーストラリアとカナダです。

この両方の国を旅行できればいいのですが、勤務していた会社での仕事が忙しく、続けて長期休暇を取ることはできませんでした。

また、旅行にかかる予算の問題もありました。

そのために、オーストラリアかカナダか、どちらかの国を選ばないとなりませんでしたが、彼女は、どちらの国にするか、なかなか決められずにいました。

そのような時、彼女は、毎晩続けてカナダを旅行している夢を見ました。

ロッキー山脈の豊かな自然を眺めて感動したり、自分が楽しい気持ちでそこを散策している夢でした。

また、夢には、雄大なナイアガラの滝も出てきたのです。

その他にも、カナダの郷土料理を美味しく食べている夢や、現地の人たちと楽しく交流する夢も体験したのです。

彼女は、「カナダの夢を見るのは、カナダに旅行するほうがいい」という潜在意識から送られてくる声だと考えたのです。

その後、彼女はカナダに行くことを決断し、実際にその旅行はとても充実したものになったのです。

この事例のように、「夢」とは、潜在意識から送られてくる信号になる場合もあります。

ですから、そんな「信号」に従うのも良いと思います。

「楽しい夢」を見た時には、それを決断の材料にする。

◉「自分にとっての快適さ」を信じて、物事を決めるようにする

物事を決める時、「快適さ」というものも重要な判断基準になります。

「自分にとっては、こちらのほうが快適だ」と感じる方を選択して決断するのです。

ただし、ここで注意しなければならないのは、あくまでも「自分にとっての快適さ」を判断基準にするということです。

ある人は、引っ越しを考えていました。

その人は、どこへ引っ越そうか、あれこれ迷いながら、最終的には、マスコミなどでよく話題にされる「住みたい町ランキング」を参考に、どこへ引っ越すか決めることにしました。

この「住みたい町ランキング」の上位にある町は、多くの人たちが「快適に暮らせる」と考える町だろうから、自分にとっても住み心地が良いだろうと考えたのです。

そして、あるランキングの上位にある場所に引っ越しました。

しかし、実際に暮らしてみると、その町はその人にとってあまり住み心地が良くありませんでした。

そのために、また自分が快適に思う場所に引っ越すことにしたのです。

この事例からわかることは、他人が快適に思うことと、自分が快適に感じることは、必ずしも一致しない、ということです。

人それぞれ感受性や、ものの考え方が違いますから、もちろん、快適に感じることも人それぞれ違うと考えておくほうがいいでしょう。

そうしないと、後になって後悔するケースも出てくると思います。

そのような失敗をしないためには、あくまでも「自分にとっての快適さ」を信じて物事を決断することが大切です。

人が快適に思うことと、自分が快適に思うことは違う。

◉「無理しない」ということをモットーにして、決断してみる

「毎日を心地よく、楽しく生きていきたい」と願っている人も多いでしょう。

そのような「快適な人生」を願うのは、とても良いことだと思います。

それが、その人の幸福感を得るための大切な要素の一つになるからです。

では、どうすれば「心地よい人生」「楽しい人生」「快適な人生」を築いていくことができるのかと言えば、そのコツの一つに「無理しない」ということが挙げられます。

フリーの雑誌ライターとして活躍している女性がいます。

彼女のもとには、たくさんの仕事の依頼が舞い込みます。

仕事を頼まれることは、彼女にとってうれしいことです。

しかし、彼女は、自分の能力を超えて数多くの仕事を受けないようにしている、と言います。

たとえば、一カ月に五件の仕事をこなすのが彼女の能力の限界だとすれば、もしそ

れ以上の件数の仕事の依頼を受けた時には、それを断ることにしているのです。

もちろん、「仕事を受けるほうがいいのではないか、断らないほうがいいのではないか」と迷うこともあります。

しかし、自分の能力を超えて仕事を受けてしまうと、忙しくなりすぎて心身共に辛くなってきます。

そうなると、好きなライティングをやる仕事が心地よくなくなります。

仕事を楽しめなくなります。

快適に仕事をこなしていけなくなります。

ですから、迷うことがあっても、「無理しない」ということをモットーにして、能力を超えた仕事は受けないようにしているのです。


無理をすると、好きなことを楽しめなくなる。

◉登山では「無理をしない決断をすること」が大切になる

登山では「無理をしない」ということが、とても大切だと言います。

それが「身の安全を守る」ということにつながるからです。

登山の目的とは、頂上を極める、ということでしょう。

その目標を達成するために、汗水流して、苦労しながら山道を登っていくのです。

時には、途中で天候が急に悪くなったり、雷が鳴り出したりして、登頂をあきらめて引き返さないとならない時もあります。

しかし、そこで、「頂上まで登りたい」「目標を達成したい」という思いが強い人ほど、「あきらめよう。しかし、あきらめたくない」という気持ちが揺れ動いて迷ってしまうことがあるようです。

そうして、そこでグズグズしている間に、一層天候が悪くなって引き返すことすらできなくなる場合もあります。

中には、無理なことをして、悪天候の中を頂上まで登っていく人もいます。

そうなれば自然災害にあって遭難する危険すら出てくるのです。

ですから、決して無理することなく、引き返さなければならない時は、きっぱりと「今日はあきらめよう」と決断するほうが賢明なのです。

そうやって無理せずに引き返す決断ができてこそ、今後ずっと登山を楽しんでいくことができます。

もしもそこで無理なことをして、大ケガを負ったり、万が一命を失うようなことになれば、もう好きな登山を楽しむことができなくなります。

言い換えれば、「無理をしないという決断をすること」が、「好きなことを長く楽しんでいく」ための大切なコツにもなるのです。

引き返す決断をしなければならない時もある。

第3章

人の幸福を考えて決断する

◉「人に喜んでもらう」という視点で、物事を決めてみる

何かに迷った時、「みんなに喜んでもらう」と考えることで、その迷いを吹っ切って決断できるようになるケースもあります。

たとえば、友人たちとカラオケに行った時です。

その際に、何を歌おうかと迷うことがあります。

自分自身としては、「ぜひこの曲を歌いたい」というものがない人は、迷ってしまうのでしょう。

そのような時は、「何を歌えば、みんなに喜んでもらえるだろう」と考えてみます。

そこに集まっている友人たちを明るい気持ちにさせ、みんなが盛り上げる曲は何か……と考えてみるのです。

そうすると、あれこれと迷うことなく、「これを歌おう」という曲が見つかる場合があります。

カラオケの曲選びばかりではありません。

日常生活の中で色々と迷うことがあると思いますが、そのような時には「人に喜んでもらう」という視点に立ってみることで、決断できる場合が多いのです。

たとえば、恋人とのデートの当日、どの服を着て行こうか迷う時です。

そのような時も、「どの服を着て行けば、恋人に喜んでもらえるだろう」という視点に立ってみます。

そうすることで、迷うことなく、すんなりと「この服にしよう」と決めることができることがあるのです。

このようにして「人に喜んでもらう」ということを考えることも「迷わないコツ」「決断するコツ」の一つになります。


迷った時には、人に喜ばれる選択を考える。

◉「身近にいる大切な人」との人間関係を優先して決断する

ある女性は、ある著名人の講演会に行こうと考えていました。

同時に、友人の誕生日会に出席しないかという誘いを受けました。

しかし、友人が催す誕生日会と、彼女が行きたいと思っていた講演会がある日が、同じ日、同じ時間だったのです。

彼女とすれば、友人の誕生日会に出席したいという気持ちもありましたし、一方で、著名人の講演会に行きたいという思いも強くありました。

そのために、友人の誕生日会に行くか、それとも講演会へ行くか、迷ってしまいました。

しかし、彼女は最終的に、「友人の誕生日会に行く」と決めました。

それは、彼女には、「やはり身近な人との人間関係を大切にしたい。仲のいい人を喜ばせたい」という思いが強かったからなのです。

行きたいと思っていた講演をする著名人は、興味深い人ではあったのですが、彼女にとっては「身近な人」ではありませんでした。

一方で、誕生日会をする友人は、世間的には名もない人の一人ではあったのですが、彼女にとっては大切な友人の一人でした。

そんな「身近な大切な人」のほうを優先して、彼女は迷いを吹っ切って決断したのです。

このように、身近な人との関係を優先して物事を決断するということは、とても良いことだと思います。

なぜなら、このような人は、周りの人たちからも大切にされて、温かい人間関係に恵まれて幸せに生きていけるからです。

「著名な人」よりも「身近な人」との関係を優先する。

◉自分の才能や能力に迷った時には、「人に喜びを与える」ことを考える

歌手として芸能界で活躍した女性がいました。彼女は幼い頃から芸能界に憧れていたと言います。

当時は、歌手になるためのオーディション番組がテレビで人気を集めていました。

彼女は、そのオーディション番組に応募することも考えました。

しかし同時に、「本当に私が歌手になれるのだろうか。芸能界でやっていけるのだろうか」という迷いもありました。

最終的に彼女は、あるオーディション番組に応募する決断をしました。

その決断を促したのは、彼女の同い年の歌手が芸能界で大活躍しており、歌を通して多くの人たちに喜びを与えている姿を見たからだと言います。

彼女は、その同い年の歌手のように、「私も多くの人たちに喜びを与える歌手にな

りたい」と思いました。

するとと、迷いが吹っ切れて、「オーディション番組に応募しよう」という決心ができた、と言うのです。

このように、人には、「多くの人に喜びを与えたい」と思うことが、大きな決断を促す力になることがよくあるのです。

従って、自分の才能や能力に今一つ自分が持てず、大きな決断をすることに迷ってしまうことがあったならば、「人に喜びを与える」ということを考えてみるのが良いのではないでしょうか。

その「人に喜びを与えたい」という思いが、迷っている自分の背中を押してくれて、思い切って大きな決断ができるようになるのです。

そして、その決断によって、すばらしい人生の扉が開かれるのです。

「喜びを与えたい」の一心で、決断してみる。

◉熱い利《り》他《た》思考が、大きな決断を促してくれる

人には、「夢はあるが、本当に私にできるのだろうか？」と、迷ってしまうことがあります。

自分の才能や能力というものに強い自信を持つことができず、そのために心に迷いが生じてしまうのです。

特に、これまでの人生を変えるような大きな決断をする時には、自分の才能や能力に迷いを感じることもあるのではないでしょうか。

そのような時に、迷いを捨てて決断をするコツは、「人に喜びを与えたい」という気持ちを強く持つことだと思います。

自分の才能や能力のことは、ひとまず横に置いておいて、「人に喜びを与えたい」ということだけを心に念じるのです。

そうすることで、大きな決断をできるようになります。

ある男性は、会社で、上司からある重要なプロジェクトの「責任者になってもらえないか」という打診を受けたことがありました。

そのプロジェクトは人に喜びを与える非常に魅力的なものだったのですが、同時に、成功に導くのがとても難しいものでもありました。

彼は、正直に言って、「私の能力でやり遂げられるのだろうか」と、大いに迷ったそうです。

「もし失敗したら、私の立場はどうなるのか」という不安もありました。

しかし、最終的に、彼はそのプロジェクトの責任者になることを引き受けました。

その決断を促したのは、「このプロジェクトを通して、多くの人に喜びを与えたい」という熱い願いを持ったことだったのです。

「喜びを与えたい」と念じれば、決断する力が湧いてくる。

◉好きな人に告白するのを迷った時に、どう考えればいいのか？

「人を好きになる」

「誰かに恋をする」

という経験は、もちろん誰にもあると思います。

そして、その時は、「自分の思いを相手に告白したい」と思うでしょう。

しかしその時、人は往々にして、「告白しようか、それとも、やめようか」と迷ってしまうものです。

その理由は、「フラれたら、どうしよう」ということが怖く思えてくるからではないでしょうか。

しかし、告白しなければ、自分の思いを相手に伝えることはできません。

好きになった人と交際することもできません。

とはいえ、やはり、フラれて心に傷を負うのが怖いという気持ちもあります。

この「告白したい。でも怖い」というジレンマに苦しんだ経験を持つ人も、たくさんいるのではないでしょうか。

このような時に、「告白する」という大きな決断をするきっかけになるのは何かと言えば、「好きな人に喜んでもらいたい」ということを一心に念じることだと思います。

「あの人に喜んでもらえるようなことを、たくさんしてあげたい」と、心からそう願うのです。

そう願うことで、「フラれるのが怖い」という思いが和らぎます。

そして、「思い切って告白しよう」という思いが強くなっていきます。

その結果、大きな決断をして、好きな相手にアプローチする勇気もわいてきます。

それが、幸せへ向かって一歩踏み出すことにつながると思います。

「好きな人に喜んでもらいたい」と、一心に念じる。

◉「社会貢献したい」と考えると、決断力が促される

人には、多かれ少なかれ、「失敗するのが怖い」という気持ちがあると思います。

そして、その失敗を怖れる思いが、「心の迷い」を生み出してしまうことがあります。

ある男性は、昔、「投資をするかどうかで迷った経験があった」と言います。

その投資は、とても魅力のあるものでした。

しかし、投資ですから、リスクがまったくないわけではありません。

そして、もしもその投資に失敗すれば、大きな損失を被《こうむ》ることになります。ですから、その投資に魅力を感じながらも、失敗することを怖れて、なかなか決断ができないでいました。

そんな時、彼は考え方を変えてみることにしました。

投資を考えるのは、「自分が儲けたい」と思っていたからです。

しかし、「儲けたい」という思いが強くなればなるほど、その反動で「失敗して損をする」ということが怖くなってしまう、ということに気づいたのです。

彼は、「自分が儲ける」ということにこだわるのではなく、「もし儲けが出たら、それを社会貢献のために使おう。恵まれない人に喜んでもらうことに使おう」というように考え方を変えたのです。

その結果、「これに投資してみよう」と決断することができたのです。

この事例のように、自分の利益のことだけを考えてしまうと、かえって失敗することがあります。また、損をしてしまうことが怖くなって、迷いから抜け出せなくなる、ということがあるようです。

そういう意味では、この事例の男性のように、自分の利益ばかりにこだわるのではなく、「社会貢献したい」と考えてみるのも決断するコツの一つになると思います。

自分の利益にこだわると、かえって迷いが生じる。

◉迷った時には、「家族の喜ぶ顔を見たい」と考えてみる

ある女性は、四十代半ばで大きな病気をした経験がありました。

その際に、医者から「手術をするほうがいい」と勧められました。

しかし、手術を受けるかどうか、彼女は迷いました。

自分の体にメスが入るのは、やはり怖かったのです。

しかし、最終的には、手術を受ける決断をしました。

その決断を促したのは、「家族が喜んでくれる顔が見たい」というものだったと言います。

夫や子供たちは、とにかく彼女が病気を克服して元気を取り戻すことを喜んでくれるはずです。

「家族のために、勇気を出して手術を受けよう」と、彼女は決心したのです。

この事例のように、「家族の喜ぶ顔を見たい」という思いが、大きな決断を促して

くれることがあります。

ドイツのことわざに、「東に旅しても西に旅しても、自分の家庭よりも良い場所はない」というものがあります。

人にとって、もっとも幸福を実感できる場所は、その人の家庭である、ということを指摘しています。

人の幸福にとって、もっとも大切なのは家庭であり、また、そこに集まる家族だということです。

従って、何かに迷った時には、「どうすれば家族に喜んでもらえるだろう」という視点に立つのも良い考えだと思います。

それが、迷いを吹っ切って、賢明な決断をするために役立つでしょう。

家族のことを思って決断する人は、それだけ幸福な人である。

◉愛する子供たちのために、もっとも良い選択は何かを考える

ある女性は、シングルマザーとして、二人の子供を育てています。

仕事をしながら子育てをするので大変ですが、それでも充実した生活を送っています。

また、子供たちは母親への思いが篤《あつ》く、家事なども積極的に手伝ってくれるので、今はとても幸福だと言います。

そんな彼女も、夫と離婚する時には大いに迷ったと言います。

ひどい夫だったので、離婚したいと思う理由はたくさんありました。

しかし、なかなか踏ん切りがつかなかったのです。

そんな彼女が離婚を決断できた背景には、子供の存在が大きかったのです。

「子供の幸福のためには、離婚するほうがいいのか、離婚しないほうがいいのか」ということを考えたのです。

その結果、「子供のためには、離婚するほうがいい」という結論に達しました。

そのとたん迷いが吹っ切れて、彼女は離婚をするという決断ができたのです。

離婚してからも、どこの街で新しい生活を始めるかなど、何か迷い事が生じた時には、彼女はいつも「どういう選択をすることが、子供の幸福のために一番良いか」という視点に立って物事を考えるようにしています。

子供のことを考えることで、いつまでも迷いを引きずってしまうこともありません。思いきった決断ができるのです。

この女性にとっての子供は、「愛する者」と言い換えてもいいでしょう。

人生の岐路《きろ》に立って、右へ行くか、左に進むかを迷った時は、このように「愛する人のために、どちらを選択するのが良いか」を考えてもいいと思います。


愛する者の幸福を願うと、大きな決断をできる。

◉「人の幸福のため」という大きな志を持って生きる

イギリスの政治家に、スタンリー・ボールドウィン（19～20世紀）がいます。

彼は、「人間、志《こころざし》を立てるのに遅すぎるということはない」という言葉を残しました。

彼は、もともと実業家として活躍していましたが、四十歳になった時、政治家だった父親の後継者として選挙に立候補することを考えました。

その際、周囲から、「四十歳という年齢で政治家になるのは遅すぎる。やめるほうがいい」と、強く説得されたのです。

彼自身、周囲の反対にあったことで、当初は大いに迷いました。

しかし、最終的には、選挙に立候補するという決断をしました。

その際に彼が発した言葉が、この「人間、志を立てるのに遅すぎるということはない」というものだったのです。

では、なぜ彼が大きな決断ができたのかと言えば、それは「志」があったからだと思います。

そして、その志とは、「政治家になって、多くの人に幸福を喜びを与える仕事をしたい」というものだったのです。

そのような、多くの人のために貢献したいという志を持っている人は、勇気を持って大きな決断ができるのです。

言い換えれば、「自分が良ければ、それでいい」といった自分本位な欲望しかない人は、このボールドウィンのような大きな決断はできないのかもしれません。

英断の結果、このボールドウィンは選挙において見事に当選し、その後、イギリスの首相も務めました。

志がある人は、その決断によって運命を引き寄せる人でもあるのです。

志のある人は、勇気ある決断ができる。

◉坂本龍馬は志を持って「脱藩《だっぱん》」という決断をした

幕末の英雄に、坂本龍馬《さかもとりょうま》（19世紀）がいます。

彼は、当時の土佐藩《とさはん》（現在の高知県）の下級武士の家に生まれました。

その時代は幕府の力が弱まって、世の中がとても混乱していました。

坂本龍馬は、若い時分から「時代を変えて、世の中の人たちのために平安をもたらしたい」という大きな志を持っていました。

しかし、彼は、「土佐藩に留まっていたのでは、世の中の人たちのためになる活動はできない」と気づきます。

そこで脱藩《だっぱん》（藩士という身分を捨てて、藩の外へ脱出すること）をして、もっと広い世界に出て活動をする決断をしました。

ただし、当時、脱藩は重罪でした。

もちろん龍馬にも迷いがあったと思います。

しかし、彼は、危険を冒してまでも脱藩するという決断をしたのです。

その際に、彼がなぜそのような大きな決断ができたのかと言えば、やはり、「世の中の人たちのために働きたい」という志があったからだと思います。

そして、その後、彼は、大きな船を操縦する技術を学び、海援隊という貿易商社を設立し、明治維新の基盤形成につながる薩長同盟の仲介者として活躍します。

人生には、時に、危険を伴うような決断をしなければならない時もあるでしょう。

また、そういう状況に置かれれば、その当事者は行動を起こすべきかどうか迷うことにもなると思います。

その際に大切なのが、「社会貢献」という志だと思います。

志が明確な人は、大きな決断をできるのです。

志のある決断で、世の中を変えていく。

◉マザーテレサは、危険を承知でインドの地へ赴任する決断をした

インドの地で、貧困にあえぐ人たちのために慈善活動を行い、そして、ノーベル平和賞を受賞した女性に、マザーテレサ（20世紀）がいます。

彼女は、インド人ではありません。

東ヨーロッパの北マケドニアの出身です。

また、彼女の父親は実業家でした。

幼い頃から宗教心が強かった彼女は修道院に入り、修道女としての生活を始めました。

そして、三十代後半に差しかかった時に、教会の許可を得てインドの地で慈善活動を始めました。

彼女が、なぜインドの地を選んだのかと言えば、当時インドは世界の中でもっとも貧しい国の一つだったからです。

しかし、同時に、インドは治安が悪く危険な国でもありました。

また衛生状態が悪く、流行病もまん延していました。

そして、ヒンドゥー教やイスラム教などの宗教対立も激しく、そのような場所にキリスト教の信者として身を置く危険もありました。

しかも彼女は、女性でもあったのです。

そのような多くの危険を考えれば、もちろん、彼女にも迷いがあったと思います。

それにもかかわらず、彼女は「インドの地で慈善活動を行う」という決断をしたのは、彼女に「貧しい人たちのために、恵まれない人たちのために貢献したい」という強い志があったからだと思います。

そして、志があったからこそ、大きなことを成し遂げられたのだと思います。


人のために献身するという志から、大きなことを成し遂げる。

◉野口英世は「病気に苦しむ人を救う」という強い志を持っていた

伝染病の研究において活躍した人物に、野口英世《のぐちひでよ》（19~20世紀）がいます。

彼は若い頃から優秀な医学生で、医者となってからは「伝染病で苦しんでいる世の中の人たちを救うために、伝染病の画期的な治療法を発見したい」という志を抱きました。

当時、様々な伝染病のために命を落とす人たちが数多くいたからです。

そのためにアメリカに渡って、ロックフェラー医学研究所で、本格的に伝染病の研究を始めます。

そして、当時流行していた黄熱病《おうねつびょう》という伝染病の研究のためにアフリカなどへ頻繁に出張するようになりました。

当時、黄熱病はアフリカなどで大流行していたからです。

しかし、アフリカで黄熱病の現地調査をするのは大変な危険が伴いました。

自分自身が黄熱病にかかってしまう可能性もあったからです。

当然、彼にも、アフリカの現地に行くかどうかは迷いもあったと思います。

しかし、彼はアフリカへ行くという決断をしました。

そこには、「病気で苦しんでいる人たちを救いたい」という大きな志があったからです。

残念ながら、彼は本当に黄熱病にかかってしまい、それが原因で51歳で死去することになりました。

しかし、彼が残した業績は、世界中の人たちに称賛されました。大きなことを成し遂げる人は、この野口英世のように大きな志を持ち、そして、強い決断力をも持つものなのです。


志を持って決断し、大きなことを成し遂げる。

第4章

希望を持つと決断できる

◉「希望を持って決断する」ことで、その人の人生は喜びに満ちる

「賢明な決断をする」ために大切なことの一つに、「明るい希望を持つ」ということが挙げられます。

たとえば、家族でドライブに行く予定だったのに、あいにくの雨だったとします。

しかし、家族みんなで迷いながらも、「せっかくだから、ドライブに行こう」と決断します。その時に、

「雨だから、つまらないドライブになるだろうな」

と思って出かけるのと、

「雨でも、家族でドライブに行くのだから、きっと楽しい」

と希望を持って出かけるのとでは、大違いだと思います。

もちろん希望を持って出かけるほうが、そのドライブは楽しく充実したものになるでしょう。

「つまらない」などと考えて出かけたら、そのドライブは本当に面白くないものになってしまうに違いありません。

そういう意味で言えば、何を決断するにしても、「晴れも楽しい、雨もまた楽しい」という心構えを持っておくことが大切です。

人生には「せっかくのドライブの日が雨だった」というように、思い通りにならないことがたくさんあります。

しかし、そこで「行こう」と決断するのであれば、「雨もまた楽しい」という明るい希望を持っておくほうが楽しくなります。

「希望を持って決断する」ということで、生きるということが喜びに満ちたものになるのです。

「晴れも楽しい、雨もまた楽しい」と考える。

◉迷いながら仕事の依頼を受けても、いい仕事はできない

ある役者が、次のような話をしていました。

仕事の依頼を受けた時、彼は「この役を、私が上手に演じきれるだろうか?」と迷うことがあると言うのです。

しかし、せっかくの仕事ですから、「やらせてもらいます」と決断する時もあります。

その時は、その仕事に対して「私はきっと、うまくこの役を演じられるだろう。見てくれた人たちに多くの感動を与えることができるだろう」と、希望を持って考えることにしているのです。

なぜなら、希望を持つことで「迷い」を吹っ切ることができるからなのです。

もし「この役を、私が上手に演じきれるだろうか?」という迷いを引きずったまま、その役を演じたとしても、見てくれた人を喜ばすような演技はできないでしょう。

ですから、迷いを吹っ切るために「希望を持つ」ことが大切なのです。

この話は、何であれ「決断する」という人には参考になるのではないでしょうか。

たとえば、「本当にこの人と幸せになれるのだろうか？」と迷いながら、結婚を決断する人がいるかもしれません。

その場合、もし「この人と結婚する」と決断したのであれば、「この人と一緒なら、幸せになれる」と明るい希望を持つほうがうまくいくと思います。

もしも「本当にこの人と幸せになれるのだろうか？」と迷いを引きずったまま結婚生活を始めたとしたら、その結婚生活はうまくいかなくなる可能性が高いのではないでしょうか。

決断した限りは、幸福をイメージして生きていくことが大切です。

そのためには、希望を持って、その迷いを吹っ切るのが良いと思います。

決断したのであれば、その決断に希望を持つ。

◉希望を持つことが、その「決断」を成功へと導く

目と耳に障害を持ちながらも、福祉の向上のために世界各国を訪問して活躍したアメリカ人女性に、ヘレン・ケラー（19～20世紀）がいます。

彼女は、

「希望は人を成功に導く信仰である。
希望がなければ何事も成就しない」

と述べました。

希望を持って決断してこそ、その人は成功を手にすることができます。

希望を持たず、迷いながら何かを決断したとすれば、その人が大きなことを成し遂げられる可能性は低くなります。

そういう意味のことを、ヘレン・ケラーはこの言葉で述べています。

ヘレン・ケラーは、少女の頃は、引っ込み思案な性格でした。

目と耳に障害があったために、どうしても引っ込み思案な性格だったのでしょう。

しかしながら、「福祉の向上のために、積極的に社会と関わって活動していく」という決断をしました。

もちろん、その時、「ハンディキャップを背負った私に、そのような活動ができるだろうか?」という迷いもあったと思います。

しかし彼女は「希望を持つ」ということで、その迷いを吹っ切ったのです。

迷いながら活動を始めれば、何も成し遂げることはできないと考えたからです。

彼女は、「私も福祉の向上のために貢献できることがたくさんある」という明るい希望を持ったのです。

その結果、彼女の活動は実際に、大きな成果を上げたのです。


迷いながら決断するのでは、何も成し遂げられない。

◉逆境にあって大切なことは、「希望を持つ」ということである

人は時に、病気になったり、災害にあったり、逆境に陥ったりすることがあります。あるいは、勤めていた会社からリストラされたり、自分で経営していた会社が倒産するなどして、逆境に陥ることがあるかもしれません。

そのような逆境にある時には、「これからの私の人生は、どうなるのだろうか？」と、迷うことにもなると思います。

しかし、どんな逆境にあっても、人間にとっては「希望を持って生きる」ということが大切です。

「私は必ずこの逆境を乗り越えて、幸せになることができる」という希望を抱くことができてこそ、迷いを捨てて、「これからの人生を前向きに生きて行こう」と強く決断することもできます。

フランスの小説家に、ヴィクトル・ユーゴー（19世紀）がいます。

このヴィクトル・ユーゴーの言葉に、

「友よ、逆境にあっては、つねに、こう叫ばねばならない。

『希望、希望、また希望』と」

というものがあります。

このユーゴーが生きていた時代は、18世紀のフランス革命後の混沌とした時代でした。

当時のフランスでは、様々な党派が対立して、血みどろの戦いを繰り広げていたのです。

そのような状況の中で、ユーゴーも逆境に立つこともあったのでしょう。

しかし、「希望を持って生きている限り、前に向かって踏み出す決断ができる」と、ユーゴーはこの言葉で指摘しています。


希望を持ってこそ、前に向かって踏み出す決断ができる。

◉年齢に関係なく、希望を持って生きていくのがいい

ある三十五歳になる女性は、これまでずっと派遣社員として仕事をしてきました。

いくつかの会社で、主に事務の仕事をしてきたのです。

しかし、最近になって、彼女は自分の生き方に迷いを感じるようになりました。

それは、「このまま派遣社員として仕事を続けていって、本当に満足できる人生を実現できるのだろうか?」という迷いです。

そして、彼女は「もっと自分にしかできないような、自分ならではの仕事をしたい」と考えるようになりました。

そして、建築物の設計の仕事に携《たずさ》わりたいと考えるようになったのです。

設計の仕事に以前から興味があったからです。

しかし、彼女には、設計という仕事に関して技能も資格もありません。

そこで、ハローワークの紹介で職業訓練学校に通い、そこで設計の技能を学び、そ

の資格を取ることにしました。

しかし、そこでまた、「三十五歳という年齢で、これまで経験のない仕事を始めるのは無理ではないだろうか？」と、迷いを感じるようになりました。

そこで、ハローワークの担当者に相談したところ、「三十代、四十代で新しい分野の仕事にチャレンジして成功している人もたくさんいます。ですから、希望を持って、がんばっていきましょう」と言われました。

その言葉に勇気をもらって、彼女は、「三十五歳という年齢からでも、だいじょうぶ」と、明るい希望を持つように心がけました。

その結果、迷いがすっかり晴れて、「これからは、設計という仕事をやっていく」という決断も固まったのです。

希望を持ってチャレンジすれば、年齢など関係ない。

◉「人間」は、「チャレンジする」ために作られた存在である

アメリカの哲学者であり、また神学者だった人物に、ウィリアム・シェッド（19世紀）がいます。彼の言葉に、

「港に停泊している船は安全である。

しかし、船はそのために作られたのではない」

というものがあります。

この言葉にある「船」とは、「人間」の例えです。

つまり、「港に停泊している船は安全である」というのは、「何もしないで、ただ、じっとしている人間は、危険な目にあうことはないのだから安全である」ということを示しています。

また、「しかし、船はそのために作られたのではない」というのも、「人間は、そのために作られたのではない」ということを意味しています。

船とは、航海するために作られたのです。

たしかに航海には危険も伴いますが、航海に出なければ船の使命を果たせません。

それと同じようにして、人間も「航海に出る」ために作られたのです。

ここで言う「航海」とは、言い換えれば、「これまで経験したことのない新しいことにチャレンジする」ということを意味しています。

新しいことにチャレンジすることには、失敗する危険もあります。

そこで迷いを感じてしまう人もいるかもしれません。

しかし、そもそも人間は「チャレンジする」ために作られた存在なのです。

ですから、「これから、すばらしい人生が始まる」という希望を持って決断し、新しいことにチャレンジしていくことが何よりも大切なことです。


「安全」よりも「チャレンジする」ことを優先する。

◉「60歳から、すばらしい人生が始まる」という希望を抱く

日本人の平均寿命が延びて、今や「人生百年時代」とも言われます。

１００歳まで寿命があるとすれば、たとえば60歳前後で定年退社してから、あと40年もあります。

40年もの長い期間を何もしないで過ごすのはもったいないと、60歳から新しいことにチャレンジする人たちもたくさんいます。

たとえば、それまでの会社員だった頃の経験をいかして、自分で会社を作って事業を始める人もいます。

あるいは、世界中を回る旅に出て、その旅行記を一冊の本にまとめて発表する人もいます。

一方で「60歳という年齢から新しいことを始めるのは無理ではないか?」という迷いを感じて、やってみたいことがあっても、それに向かって決断できない人もいます。

しかし、「やってみたいことにチャレンジしない」というのは、その人の人生にとって残念なことなのではないでしょうか。

「チャレンジしない」という人は、これからの人生に希望を抱けないでいるのではないかと思います。

希望がないと、人は決断する勇気を得られません。

従って、「私の人生では、60歳から、すばらしいことがたくさん起こる」という希望を抱くほうがいいと思います。

そのような明るい希望を持つことができれば、自然に、「やりたいことにチャレンジしてみよう」と決断する勇気も生まれてくるでしょう。

明るい希望がないと、後半生の人生を楽しめない。

第5章

他人をうらやましく思うと、心に「迷い」が生まれる

◉他人をうらやむと、「迷い」から中途半端な生き方になっていく

「迷い」が心に生じてしまう原因の一つに、「他人をうらやましく思う心理」があります。

「結婚せずに独身で生きていこう」と決断した優秀なキャリアウーマンがいました。

しかし、彼女の友人の一人が結婚し、とても幸福そうに暮らしているのを見て、「うらやましい」と思うようになりました。

そのとたん彼女は、

「結婚しないという私の選択は間違いなのではないか？」

「今からでも遅くないから、結婚するほうがいいのではないか？」

と迷うようになりました。

そして、彼女は結局、ある男性と結婚しました。

しかし、それで彼女が今、充実した人生を送っているのかと言えば、そうではない

のです。

結婚したら結婚したで、今度は、独身のままキャリアウーマンとして活躍している人の姿を見て、うらやましく思い、

「私も結婚しないほうが良かったのではないか？」

「独身のまま、仕事にだけまい進する生活を送っていたほうが良かったのではないか？」

と、また、自分の人生について迷い始めているのです。

このようにして「他人をうらやましく思う心理」は、その人の心に「迷い」を生じさせてしまうことが多いのです。

そうすると、その結果、どっちつかずの中途半端な生き方になってしまいがちです。

無暗《むやみ》に他人をうらやましく思わない。

◉他人をうらやましく思うことは、今の自分を否定することである

無暗に他人をうらやましく思うと、

「私の生き方は間違っているのではないか？」

「今の生き方を修正するほうがいいのではないか？」

といった迷いが心に生じます。

しかし、一方で、そのような心の迷いを解決する具体的な方策がすぐに見つかるわけではなく、結局は「ああでもない、こうでもない」と悩みながら、自分らしい生き方を見失っていくケースが多いようです。

アメリカの牧師であるジョセフ・マーフィー（19～20世紀）は、

「他人をうらやましく思うことは、自分自身の生き方を否定することであり、自分自身を貧しい人間にすることである。

他人をうらやましく思うことはエネルギーの浪費であり、自分の人生の繁栄にとっ

て破壊的な影響を与える（意訳）」

と述べました。

この言葉にある通り、他人をうらやましく思うことは、ある意味で、「私はダメな人間だ」「自分は不幸な人間だ」と、自分で勝手に決めつけてしまうことになります。

そのようにして自分を否定するから、「もっと他に、いい生き方があるのではないか」という、答えのない迷いが心に生じます。

言い換えれば、自分自身をありのままに肯定して生きてこそ、心から迷いが消えていきます。

そして、自分を肯定するには、無暗に他人をうらやまないことが大切です。

自分を肯定的に考えてこそ、心から迷いが消える。

◉うらやましく思う相手も、その人なりの不幸を背負っている

イソップ物語に、『ロバと馬』という話があります。

ある牧場に、ロバと馬が飼われていました。

ロバたちは、いつも馬たちをうらやましく思っていました。

それというのも、馬たちには、ロバたちよりも、美味しいエサを与えられていたからです。

また、馬たちは牧場に放牧されて気ままに暮らしていましたが、ロバたちはと言えば背中に重い荷物を背負わされて、こき使われてばかりいたからです。

ですから、ロバたちは「どうして自分たちがロバに生まれたのだろう？　できることなら、馬に生まれ変わりたい」と願っていました。

しかし、ある時、戦争が起こりました。

馬たちはその戦争に駆り出され、ほとんどの馬が死んでしまいました。

一方で、ロバたちは、戦争に駆り出されることはなく、仕事は辛いものの平和に暮らしていけました。

そして、その時から、もうロバたちは馬をうらやましく思うことはなくなりました。この話は、無暗に他人をうらやましく思わないほうがいい、ということを教えてくれています。

自分がうらやましく思う相手にも、その相手なりの苦労や不幸があるからです。

ですから、「迷うことなく、自分ならではの人生を生きていくのが賢明である」ということなのです。

このイソップの話は、無暗に他人をうらやましく思うことなく、自分に与えられた人生を肯定的に生きていくことが「迷いのない人生」につながることを示しています。

自分に与えられた人生を肯定的に生きる。

◉「自分らしい生き方」を基準にして、物事を決断していく

「自分は自分、他人は他人」という言葉があります。

この言葉は、もちろん周りの人たちとの人間関係を大切にしながらも、しかし一方で、「無暗に他人をうらやましく思うのではなく、自分らしい生き方を大切にしていく」ということの重要性を示しています。

つまり、自分らしい生き方を実践していくことが、その人にとっては人生がもっとも充実し、幸福になれる方法だということです。

また、「これが私らしい生き方だ」ということが明確になっている人は、心が迷うことはありません。

どのような状況にあっても「私が私らしく生きていきたい」ということを基準にして、物事を決断していくことができるからです。

この「自分らしい生き方」という基準が、自分自身の中で明確に理解できていない

人は、とかく、「私の生き方はこれでいいのか？」「もっと良い生き方があるのではないか？」という心の迷いに振り回されてしまいがちです。

「自分は自分、他人は他人」と言っても、その「自分とは何か」ということがはっきりとわからないのでは、自分らしい生き方を実践することはできないでしょう。

そのために結局は、他人をうらやましく思うだけの「迷いの人生」になります。

従って、まずは「自分らしい生き方」を明確に意識できるようになることが大切だと思います。

そのためには、改めて「自分の夢とは何か」といったことや、「自分が成し遂げてみたいこと」をノートに書き出してもいいでしょう。

そうすれば、自分らしい生き方が見えてくると思います。

ノートに「自分の夢」を書き出してみる。

◉自分ならではの願望を持つことで、迷いのない人生を送れるようになる

「自分らしい生き方を明確にする」ということは、言い換えれば、

「こういうことをやってみたい」

「こんな自分になりたい」

という自分ならではの「願望」を明確にする、ということを意味しています。

つまり、「自分ならではの願望」が「自分らしい生き方」を作り上げていきます。

従って、自分らしく生きていきたいのであれば、自分ならではの願望を持ち、その願望を実現することに一歩ずつ進んで行くことが必要です。

また、自分ならではの願望がある人は、「迷わない人」「決断できる人」でもあるのです。

ある女性は、「小さな雑貨店を開いて、自分が好きな雑貨を集めて販売したい」と

いう願望を持っています。

ですから、彼女の友人が、会社で大きな仕事を任されて活躍しているという話を聞いても、それを無暗にうらやましいとは思いません。

その友人と自分を比較して、「私の生き方は、これでいいのだろうか」といった迷いを持つこともありません。

「雑貨店を開くという自分の願望を実現するためには、どうすればいいか」ということを判断基準にして、迷うことなく人生の選択を決断していくことができます。

従って、まずは、自分ならではの「こういうことを実現してみたい」という願望を持つことが大切です。

言い換えれば、そのような願望を持たない人は、とかく、人をうらやみ、自分の生き方に迷いを感じてしまうことが多いようです。

自分ならではの願望がない人は、自分の生き方に迷いを感じる。

◉他人をうらやましく思う人は、自分ならではの願望を実現できない

プロ野球選手として活躍している男性がいます。

彼は、中学、高校と野球漬《づ》けの毎日を送ってきました。

早朝、学校に行って野球の練習をし、授業が終わってからは暗くなるまで練習をします。

日曜日も野球の練習をしていた日が多いのです。

一方で、彼の友人には、学校が終わってから、どこかに遊びに行く人たちが多いのです。

休日には、恋人とデートをする友人もいました。

しかし彼は、そのような友人を見て、それほどうらやましいとは思いませんでした。

また、「野球をやめようか?」と、迷うこともありませんでした。

それは、彼に、「プロ野球選手になって活躍したい」という明確な願望があったか

らです。

また彼は、いつも「プロ野球選手になるには、どうすればいいか」ということを判断基準に、迷うことなく物事を決断してきたと言います。

その結果、彼は実際にプロ野球選手になって、活躍することができるようになったのです。

言い換えれば、自分ならではの願望を実現するためには、次の二つのことが重要であると言えるでしょう。

・他人をうらやましく思わない。

・自分の生き方を迷わない。

これが願望を実現するための条件とも言えます。

「うらやましく思わない」「迷わない」をモットーに生きていく。

◉「我を生かす道」を、迷うことなく歩いて行く

明治、大正、昭和の時代の小説家、また、詩人であり、画家としても活躍した人物に、武者小路実篤《むしゃのこうじさねあつ》（19～20世紀）がいます。

この武者小路実篤は、

「この道より我を生かす道なし、この道を歩く」

という言葉を残しました。

この実篤にとっての「我を生かす道」とは、小説を書くことであり、詩を書くことであり、また絵を描くということでした。

そのような創作活動に従事することが、実篤にとっての「願望」であり、「自分らしい生き方」だったと思います。

そのような実篤の人生には迷いはなく、また、「どうすれば充実した創作活動ができるか」ということを判断基準にして、人生の決断をしていたと思います。

実篤の創作活動は、学習院の中等科に通っていた十代の頃から始まりました。

学習院での同級生だった志賀《しが》直哉《なおや》などと文芸雑誌を作って、そこに自分が作った小説や詩を発表するようになったのです。

そして、九十歳で亡くなるまで、迷うことなく、旺盛な創作活動を続けたのです。

人間にとって、この実篤が持っていたような「我を生かす道」を持つことは、とても大切です。

そして、その道が見つかったなら、「自分には、この道しかない」と決めて、ただひたすら「その道を歩いて行く」ことが大切です。

そうすることで、個性的なことを数多く成し遂げられます。

また、その人の人生は、とても充実したものになるのです。

自分なりの「我が道」を見つけ出す。

◉他人に惑わされていると、大事なことに気がつかない

仏教の考え方の一つに、「人生とは迷いの連続であり、迷いから脱することが充実した人生を得るための最良の方法である」というものがあります。

そして、そのような人生の迷いから脱するための方法として、

「他人がしていることに惑わされない」

「自分がやるべきことだけに専念する」

という二つのことを説いています。

ある男性は、高校生だった時に、次のような経験があった、と言います。

彼は大学受験を控えて、ある問題集を使って勉強をしていました。

すると、同級生のA君が、別の問題集を使って模擬試験で良い点数を取りました。

彼は「僕が今使っている問題集では成績が上がらないのではないか？」と迷いを感じ、A君が使っている問題集へと替えました。

すると、今度は同級生のＢ君が、また別の問題集を使って、テストで優秀な成績を取りました。

彼は再び、「Ｂ君が使っている問題集で勉強するほうがいいのではないか？」と迷ってしまって、またもや問題集を替えました。

そんな風に、彼は問題集をとっかえひっかえしていたものですから、一向に勉強が身につかず、成績も上がりませんでした。

そこで彼は最初の問題集に戻って、迷うことなく、その問題集で勉強することに専念したのです。

その結果、成績が上がっていきました。

冒頭の仏教の教えにも通じる事例だと思います。

自分がやるべきことに専念してこそ、大事なことが身につく。

◉自分がやるべきことに専念し、心の「ゴミ」を取り払う

仏教に、次のようなエピソードがあります。

ブッダの弟子の一人に、シュリハンドクという男がいました。

彼は、とても物覚えの悪い人でした。

ブッダから教えられた事をすぐに忘れてしまうのです。

また、自分の名前すら覚えていられないという男でした。

そのような男ですから、周りの修行者たちにいつもバカにされていました。

彼自身も、自分の物覚えの悪さに悩み、「このまま自分がここにいたら、周りの人たちに迷惑になるばかりだ。自分はブッダのもとから去るほうがいいのかもしれない」と、迷うようになりました。

そして、ある日、ブッダに相談しました。

するとブッダは、彼に、「私のもとを去ることはない。私はおまえに一つの仕事を

与えよう」と言って、一本のほうきを与えました。

ブッダは、「これからは『ゴミを払おう』と唱えながら、このほうきで毎日掃除をしなさい」と命じました。

それからというもの、彼は、ブッダから命じられた通り、「ゴミを払おう」と唱えながら、毎日毎日掃除を続けました。

そして、ある日、「ゴミを払おう」という言葉の「ゴミ」とは何を意味するかを悟りました。

それは「心の迷い」だったのです。

つまり、「掃除をする」という「自分がやるべきこと」に、ただひたすら専念することで、心から「ゴミ」、つまり「迷い」は取り払われる、ということなのです。

「迷い」とは、心の中の「ゴミ」である。

◉情報化社会に惑わされない生き方を貫く

アメリカの哲学者に、ラルフ・ワルド・エマーソン（19世紀）がいます。

このエマーソンは、

「絶えずあなたを何者か別のものへ変えようとする世界の中で、自分らしくあり続けることこそが、もっともすばらしい偉業である」と述べました。

この言葉にある「絶えずあなたを何者かに変えようとする」とは、わかりやすく言えば、「甘い誘惑」と解釈できると思います。

現代は情報化社会です。

日々、テレビや新聞や雑誌、インターネットなどから、多くの情報が提供されます。

その中には、「私は、このようにして大成功を収めた」「こういう手段で、私は大儲けした」といった話もたくさんあります。

そのような話をテレビで見たり、新聞で読んだ人は、「うらやましい」と思います。

そして、「自分が成功できないのは、自分の生き方が間違っているからだろうか？」「大儲けするためには、今の自分の生き方を変えるほうがいいのではないか？」と、心に迷いを生じさせてしまう人もいるのです。

その結果、自分ならではの生き方を放棄して、うらやましく思う相手の生き方を真似ようとする人も現れてきます。

情報化社会の、このような状況も、エマーソンの、「絶えずあなたを何者か別のものへ変えようとする世界」という言葉で言い表せると思います。

そして、そのような状況の中でも、「情報に惑わされることなく、迷うことなく、自分らしい生き方を貫いていくことが、もっともすばらしい偉業である」と説くのです。

「迷わない人生」「決断力のコツ」を考える上で、参考になると思います。

情報に惑わされるから、心に「迷い」が生じる。

◉情報を参考にするのはいいが、情報に惑わされてはいけない

次のような話を聞いたことがあります。

大学生が就職活動をする際に、あまりに情報が多いために、どのような進路を取るか迷ってしまって決められない学生が多い、というのです。

確かに、就職活動では、企業や、あるいはマスコミから、多くの情報が提供されます。

「これからの時代、伸びる産業は何か」

「やはり安定した業界で働くほうが有利だ」

「就職するなら、大企業のほうがいい」

「中小企業のほうが、やりがいのある仕事ができる」

「魅力ある経営者のもとで働くのが幸せである」

といった様々な情報です。

その情報は、往々にして魅力のある、うらやましいような情報ばかりなのです。

そのために学生は、かえって、「どういう業界へ進むか」「どの会社を選ぶか」ということに迷ってしまうのです。

もちろん「情報を参考にする」ということは大切だと思います。

しかし、このような情報化社会で注意しなければならないのは、「情報に惑わされないようにする」ということではないでしょうか。

そして、情報に惑わされないためには、「自分ならでは生き方を明確に持つ」「自分の願望を明確化する」ということなのです。

このように「自分」というものをしっかり理解していることができれば、情報に惑わされて迷うことなく、自分にとってもっとも賢明な選択を決断できるのではないでしょうか。


「自分」というものを理解して、賢明な決断をする。

第6章

人に相談して、迷いを解決する

◉迷った時には、素直に人から教えてもらう

中国の思想家である荀子《じゅんし》（紀元前4〜3世紀）の言葉に、次のようなものがあります。

「道に迷うのは、人に道順を教えてもらわないからである。川で溺《おぼ》れるのは、どこが浅瀬なのか人に尋ねないからだ（意訳）」

この言葉は、言い換えれば、「どの道を行けばいいのか迷った時には、人に道を聞けばいい」という意味を語っています。

同じように、「川を渡る時、どこを渡れば溺れないで済むか迷った時には、どこが浅瀬になっているか人に尋ねればいい」ということを示しています。

当たり前のことを言っているように聞こえるかもしれませんが、実際には、困った時、誰にも相談せず、自分で勝手に「こうだ」と決めつけて物事を決めてしまう人も多いようです。

そして、その結果、大きな失敗をしでかしてしまう人もいます。

迷った時、ものがわからない時、どうして人は素直にものを尋ねることができないのでしょうか。

たぶん、「人にものを尋ねるのは、恥ずかしい」という思いがあるのでしょう。

また、「相手から『こんなことも知らないのか』と思われたくない」という思いもあるのかもしれません。

しかし、そのような見栄から大きな失敗を招くのは、愚かなことだと思います。

従って、もっと素直になって、「教えてほしい」と人にものを尋ねて、自分の決断の判断材料にするほうが得策です。

人から教えてもらうことで、迷いが晴れる。

◉どの医者にかかるか迷った時には、いい友だちに相談してみる

人には、「自分一人で考えていても、迷ってばかりで、なかなか決断できない」という時があるものです。

そういう時には、だれか信頼できる人に相談するのが賢明な方法だと思います。人からもらうアドバイスで、迷いが晴れて、「そうだ、こうしよう」と決断できることもよくあるからです。

もちろん、そのためには、いいアドバイザーが身近にいなくてはいけません。

思想家の安岡正篤《やすおかまさひろ》（19〜20世紀）は、次のように述べています。

「たとえば、病気になって、医者にかかろうかと迷った時には、友だちに相談する。そのためには、常日頃から、いい友だちを作っておかないといけない（意訳）」というものです。

言い換えれば、日頃から、そのような「いい友だち」を作る努力をしていない人

は、「どの医者にかかるか」を決められずに、いつまでも迷うことになる、ということなのです。

そういう意味で言えば、いい友だちがいない「孤独な人」は、「迷いから抜け出せない人」だとも言えるのかもしれません。

また、逆の言い方をすれば、いい友だち、信頼できる人、良きアドバイザーがいる人は幸せな人であり、また、「迷わない人」「決断力がある人」だと言えるでしょう。

ですから、日頃からいい人間関係を保つようにしておくことは、とても大切になってくるのです。

いい人間関係が、自分の人生を良い方向へ導いてくれることもあるからです。

いい友だちを作る。

◉経営者は孤独だからこそ、「良き相談相手」を持つ

よく「経営者は孤独だ」と言われます。

重要な決断は、経営者自身が自分一人で下さなくてはならないからです。

しかも、その決断の責任を自分一人で背負わなければなりません。

確かに、そういう意味では、経営者は孤独なのでしょう。

ただし、最終的な決断は自分一人で下さなくてはならないとしても、その前に「迷った時には、信頼できる人に相談する」ということも非常に重要だと思います。

人に相談してこそ、正しい決断ができるからです。

中国の格言に、次のようなものがあります。

「人の上に立つ者が身につけなければならない三つのことがある。

①正しいことを教えてくれる師を持つこと。

②耳に痛いことでも、遠慮なく忠告してくれる側近を持つこと。

③秘密を相談できる、信頼に足る家臣を持つこと。（意訳）」

というものです。

つまり、「経営者は孤独である」というのは、ある面では真実なのですが、だからこそ「身近に何でも相談できる相手を持っておくことが重要になる」ということなのです。

経営者の仕事は、ある意味「日々、様々な決断を下していくこと」と言えると思います。

だからこそ「迷う」ということも多いのではないでしょうか。

従って、迷った時、決断の助けになることを言ってくれる人が身近にいることが重要です。

良き相談相手がいてこそ、正しい決断ができる。

◉相談すれば「財産」を増やしていくことができる

精神科医であり、エッセイストとしても活躍した人物に、斎藤茂太《さいとうしげた》（20～21世紀）がいます。彼は、

「知らないことを聞ける人を増やすのが、財産を増やすこと」

と述べました。

この言葉にある「財産を増やす」とは、色々な意味に解釈できると思います。

一つには、文字通り、「財産が増える」という解釈ができます。

たとえば、商売をやっている人が、新しい商品を扱うかどうか迷った時に、信頼できる人に相談します。

そして、教えてもらったことを参考に決断すれば、それはお金儲けにもつながるでしょう。

もう一つには、「知識を増やす」という意味にも解釈できると思います。

あることについてあまり詳しく知らず、決断に迷った時に、その分野に詳しい人に相談します。

そのようにして、迷う度に誰かに相談するのです。

そうすれば、その分、知識が増えていきます。

そのように「知識」も「財産」の一つであると考えてもいいでしょう。

そして、知識が増えれば増えるほど、間違いのない決断ができるようにもなります。

また、「信頼できる人が増える」という解釈もできると思います。

迷う度に人に相談していけば、その度に信頼できる人が身近に増えていきます。

そのような「人」も、その人の「財産」になると言えると思います。


「知識」や「人」も、自分の財産にしていく。

◉信頼できる相手かどうか迷った時は、その相手の友だちを見る

よくわからない人について、「この人は、信頼してつき合っていける相手だろうか？」と迷う時があります。

そんな時の判断基準として、「その人が、どのような人たちと仲良くつき合っているかを観察してみる」という方法があります。

古代中国の思想家である孔子《こうし》（紀元前6～5世紀頃）は、

「その人がどんな人かわからない時は、その人の友だちを見るのがいい」

と述べました。

たとえば、その人が悪い人であったなら、その人は日頃、悪い友だちばかりと仲良くしているものです。

しかし、その人が良い人であったならば、その人の周りには良い友だちがたくさん集まっているはずです。

「類《るい》は友を呼ぶ」という格言もあります。

これには、「性格や人格が似通った人同士は、自然に集まってくるものだ」という意味があります。

従って、その人がどういう人なのかわからずに、信頼してつき合っていいものかどうか迷った時には、その人の周りに集まっている人たちを見て判断するという方法もあると思います。

ある女性は、お見合いした男性と結婚することを考えた時に、その男性が日頃、どのような友だちとつき合っているか、よく観察してみた、と言います。

そして、その男性の友だちが、しっかりとした人たちが多いことを知って、安心して結婚の決断をしたと言います。

信頼できる人の友人には、しっかりした人たちが多い。

◉「相談する」ということで、状況を客観視できる

信頼できる人に「相談する」ということは、「迷わない」「決断する」ということに、とても良いメリットがあります。

たとえば、

「状況を客観的に見ることができる」

といったことです。

人は、誰かに相談する時、言葉によって相手に状況を説明します。

具体的に、「こういう状況で迷っているんだけど、どうすればいいと思いますか？」といったようにです。

つまり、「自分の頭の中で、言葉にして、今の状況をいったん整理する」という作業を行っているのです。

その結果、その状況を自分自身が客観的に改めて考え直すことができます。

それだけでも十分に「賢明な決断」をするためには役立ちます。

そして、相手から、良いアドバイスをもらえれば、それはさらに「賢明な決断」につながっていくでしょう。

人は何かに迷っている時、頭の中が混乱しているものです。

そのために「今、自分がどういう状況にいるか」ということがわからなくなって、その迷いに拍車がかかってしまうこともよくあります。

従って、「相談する」ということで、その状況を客観的に見直してみることが大切です。その結果、決断が早くできるかもしれません。

相談することが「賢明な決断」につながる。

◉人に相談することで、イライラがなくなる

心理学に「カタルシス効果」という言葉があります。

これは、「心のモヤモヤやイライラといったものが取り除かれて、気持ちが落ち着く」ということを意味しています。

また、このカタルシス効果は、人に「相談する」ということで得られることもわかっています。

人が何かに迷っている時は、その人の心の中は、「決断できないことに対するモヤモヤやイライラが溜まっている状態」であるとも言えます。

もしも、その迷い事を誰にも相談せずに、自分の心の中に押しとどめておくと、そのモヤモヤやイライラは一層大きくなっていきます。

その状態で決断したとしても、それは「賢明な決断」にはつながらないと思います。

むしろ、間違った決断をして、後で後悔する可能性が高まることになるのではない

でしょうか。

従って、心からモヤモヤやイライラを取り除き、落ち着いて決断をする必要があります。

そのためには、その迷い事を「信頼できる人に相談する」というのが良いのです。

相手から「話を聞いてもらう」というだけでも、ほっと安心でき、気持ちが落ち着いてくるものです。

そして、的確な助言をしてもらえば、ますます気持ちが落ち着きます。

それでこそ、「賢明な決断」を下すことができます。

決断をする時には、落ち着いた気持ちでするほうが良い。

◉「相談する」とは、決断へ向かって第一歩を踏み出すことである

「信頼できる人に相談する」ということは、それ自体が「決断する」ことへ向かってアクションを起こす、ということを意味します。

とにかく、この第一歩を踏み出すのが大切なのです。

そうすることによって「思い切った決断をしよう」「決断したことを実行しよう」という意欲が高まるのです。

何も行動を起こさずに、ただ「どうしたらいいんだろう」と迷っているだけでは、その迷いを吹っ切ることはできないのではないでしょうか。

たとえば、「家を買おう」と考えたとします。

その際に、「一戸建てにしようか、マンションにしようか」と迷います。

その時は、住宅事情に詳しい人や、あるいは、実際に一戸建てに住んでいる友人や、マンションで暮らしている人の家に行って相談するのが良いと思います。

相談することで、自分の家を持つことへのワクワク感が高まります。

そして、そのワクワク感が、決断することへ向かって、自分の背中を押してくれることになります。

もし誰にも相談せずに自分一人で迷っていたら、「やっぱり家を買うのはやめようかな」という気持ちが生じてきてしまうかもしれません。

散々迷った挙句に結局、何もしないで終わってしまうのは、その本人の人生にとってもったいない結果になるのではないでしょうか。

従って、決断することへの意欲を高めるという意味からも、信頼できる人や詳しい人を見つけて相談に乗ってもらうのが良いと思います。

その第一歩を踏み出すところから、新しい人生が始まります。

相談しないと、何もしないまま終わることになりやすい。

◉「本に相談する」ことで、迷いが晴れることがある

何かに迷った時、「本を読む」という方法があります。

これも、ある意味、「相談する」ということにつながるのではないかと思います。

「人に相談する」のではなく、「本に相談する」ということです。

フランスの哲学者であるデカルト（16～17世紀）は、

「良い書物を読むことは、もっとも優れた人たちと会話するようなものである」

と述べました。

「本」というものに迷い事を相談すれば、その本は様々なアドバイスを返してくれます。

そのようにして「本」と「自分」との間に「会話」が生まれる、とデカルトはこの言葉で指摘しています。

ですから、何か迷うことがあった時には、「本に相談」し、「本と会話」することに

よって、決断するためのヒントを得るという方法もあると思います。

ある女性は、人生について迷うことがあった時は、生き方について書かれた本をたくさん読むことにしているそうです。

本を読むことで、生き方についての色々な意見に触れることができます。

その中から自分が今迷っていることを解決するためのヒントを探すのです。

また、本を読んでいるうちに、自然に気持ちが落ち着いてきます。

その結果、本を読みながら、自分が今置かれている状況を冷静に、また客観的に考え直すことができます。

それもまた賢明な決断をすることに役立つのです。

もし、相談できる人がいない時には、「本に相談する」というのも良いと思います。


「本と会話する」ことで、決断するヒントを探す。

◉迷った時には、「こんな時、あの人ならどうするだろう」と考えてみる

父親が創業したレストランを継いだ男性がいます。

創業者である父親はすでに他界し、今はいません。

しかし、彼は父親のことをよく思い出すそうです。

特に、店の経営について「どうすればいいのか？」と迷う時には、「父ならばどう決断し、どう行動するだろう」ということを考えます。

すると、「きっと父ならば、こうするのではないか」と思いつくことがある、と彼は言います。

それによって彼自身の考えが整理されて、迷いが晴れることがあるのです。

相談したい相手は目の前にいませんが、これもまた「人に相談する」という方法の一つになるのではないでしょうか。

また別の事例ですが、ある人は戦国時代の歴史がとても好きだと言います。

特に徳川家康が大好きで、日頃から家康に関する本をたくさん読んでいます。

この人は、自分の人生の進路について何か迷うことがあった時は、「家康ならどう決断し、どのような生き方をするだろう」と想像してみるそうです。

そして、「家康なら、きっとこうするだろう」と思いつくことがあれば、それがその人自身の決断に役立つのです。

このような方法も、また、「人に相談する」という一つの形態なのではないでしょうか。

このようにして、相談する相手は、必ずしも目の前にいなくてもいいのです。

誰か尊敬する人のことを思い浮かべながら、「あの人なら、どうするだろう」と考えるだけでも、賢明な決断をするためのヒントをもらえます。

「相談する相手」は、必ずしも目の前にいなくてもいい。

第7章

「不安」という感情を上手に取り除く

◉「不安」という感情が大きくなると、決断力が弱くなる

自分の将来について、考えすぎて不安になるタイプの人がいます。

しかし、必要以上にこの「不安」という感情を膨《ふく》らませないほうが賢明だと思います。

「不安」という感情が足かせとなって、迷いから抜けられない状態になりかねないからです。

この「不安」という感情が、その人の決断力を鈍《にぶ》らせてしまう可能性が大きいとも言えるでしょう。

日本の思想家であり、また、ヨガの行者でもあった中村天風《なかむらてんぷう》（19～20世紀）は、次のような意味のことを述べました。

「船に乗って旅に出ようという時に、海の波が荒れるのではないか、嵐になるのではないか、それとも、この船が沈没しないか、などと不安に思っていたら、愉快に船旅

などできないだろう（意訳）」

中村天風は、この言葉で「愉快に船旅などできない」と述べていますが、このように不安という感情を募《つの》らせていたら、「船旅に出る」という決断を翻《ひるがえ》して、船旅自体をやめてしまうことになるのではないでしょうか。

もちろん、これは、「船旅」に限ったことではありません。

人生のすべてにおいて、

「危険な目にあったら、どうしよう」

「うまくいかなかったら、大変だ」

といったように、不安に思うことばかり必要以上に考えていたら、決断し行動することなど何もできなくなるでしょう。

「不安」という感情が大きくなりすぎないように注意する。

◉十分な準備が、「迷い」を払いのけてくれる

「不安」という感情から、往々にして、「迷い」が生まれます。

その「迷い」を乗り越えて決断し、行動するためには、その「迷い」の原因になっている「不安」を軽くする必要があります。

そして、その「不安」を軽くする方法の一つに、「十分に準備する」というものがあります。

ある女性が、インドへ一人旅することになった時の話です。

友人たちにインド旅行の計画があることを話すと、その友人たちは次のようなことを言い出しました。

「インドは治安が悪いから危険な目にあうことになるかもしれないわよ。やめたほうがいいんじゃない」

「インドは衛生状態が悪いから、悪い病気にかかる心配もあるわ。考え直して、取り

止めにしたら」

そんな話を聞くうちに、彼女はだんだんと不安になり、「どうしよう？」と迷い始めました。

しかし、どうしてもインドへ行きたかった彼女は、不安を取り除くために、十分な準備をすることにしました。

現地の状況や、交通機関について詳しく調べたり、安全な地域のホテルを予約したり、万が一トラブルが起こった時の対処策などを事前によく検討したのです。

その結果、彼女の不安は軽くなって、予定通りインドへ一人旅をする決断ができたのです。

十分な準備をすることで、人は迷いを払いのけて決断できるようになります。

「不安」を軽くする方法について考えてみる。

◉「備えあれば、憂いなし」を、決断力を高める参考にする

「備《そな》えあれば、憂《うれ》いなし」という格言があります。

この格言には、「十分に準備をしておけば、不安や心配に思うことなどない」という意味があります。

中国の古典である『書経《しょきょう》』（紀元前6世紀頃成立）という、政治のあり方や、偉人の生き方について説かれた本に出てくる言葉です。

この「備えあれば、憂いなし」という格言は、日本において、織田信長や豊臣秀吉や徳川家康など、戦国時代に活躍した武将たちの多くが参考にしていたと言われています。

戦国時代の武将たちは、いつ敵に攻められるかわからない状況にありました。

また、味方であった武将や、自分の家臣に裏切られることも少なくありませんでした。

そのような状況の中で、当然、武将たちは不安や迷いを感じていました。

しかし、ここぞという時には、果敢に決断していかなければ戦国武将として生き残っていけませんでした。

そこで、不安や迷いを消し去って、決断し行動を起こすための参考として、この「備えあれば、憂いなし」という格言を重要視していたのです。

つまり、もしも危ない状況に置かれた時に、どのように対処するかということを考え、十分な準備をしておくことが大切だ、ということなのです。

十分な準備をしておくことで、不安や迷いが軽くなって、いざという時に果敢に決断し行動することができるのです。

人生には万事「備え」が大切だということです。


「危ない状況に、どう対処するか」を考えておく。

◉「準備、準備、また準備」で、迷いを吹っ切って決断する

プロ野球の選手、のちに監督として活躍した人物に、野村克也《のむらかつや》さん（20～21世紀）がいます。

この野村さんの言葉に、「準備、準備、また準備」というものがあります。この言葉は、「迷いを吹っ切って決断するためには、事前にしっかりとした準備をしておくことが大切だ」という意味を表しています。

プロ野球の監督の主要な仕事とは、ある意味、「決断する」ということです。

一つの試合において、監督は「ここでピッチャーを交代しよう」「ここでバントのサインを出して、走者を送らせよう」などと、たくさんの決断を下していかなければなりません。

しかし、「勝負は時の運」とも言います。

作戦が思い通りにいかずに、その決断が裏目に出て、試合に負けることもあります。

しかし、失敗を怖れるあまり迷ってばかりいて、何も決断できないのでは、監督としての職務を全《まっと》うすることはできないのです。

では、恐怖心を取り除き、迷いを振り払って決断するにはどうすればいいかと言えば、それは「準備、準備、また準備」なのです。

事前に色々な状況が起こり得ることを考えて、それにしっかり対処する方法を十分に準備しておくことで、大事な場面で迷うことなく決断を下せる、ということなのです。

一般の人の日常生活の中でも、失敗することを怖れて迷ってしまうことがあると思いますが、やはり大切なのは「準備」だということです。

準備が足りないから、決断できないことになる。

◉「危機」とは、「成功を得るための絶好の機会だ」と考える

「危機」という言葉は、英語では「クライシス」と言います。

ところで、この「クライシス」という言葉の語源は二つあって、一つにはギリシャ語の「決断」という意味を持つ言葉に由来すると言われています。

そして、もう一つには、ラテン語の「転機」という意味を持つ言葉です。

つまり、「クライシス」という言葉は、この「決断」と「転機」という二つの意味を表す言葉が合成されて出来た言葉なのです。

また、そこには、「たとえ危機があっても、果敢に決断し挑戦していけば、それは大きな成功への転機になる」という意味も含まれています。日本語で考えても、「危機」という言葉は、「危ない」という言葉と、「機会」という言葉が組み合わさって出来ています。

そこにも、「危ない状況に不安や迷いばかりを感じていないで、それに向かって、

果敢に決断し行動すれば、成功へのチャンスを得る絶好の機会になる」という解釈が成り立つのではないでしょうか。

とにかく、人生とは、ある意味、危機の連続です。

特に、大きなことを成し遂げるために、難しいことに挑戦しようという時には、ある程度の危険を覚悟しなければならなくなると思います。

しかし、危険があるからといって迷って決断しないでいたら、結局は何も成し遂げないまま終わることになります。

従って、たとえ危険があっても、「これは大きく飛躍する絶好の機会なんだ」とプラス思考で考えるほうが得策です。

そのようにプラスに考えることで、決断力が高まります。

危険があるからといって、迷って決断しないのはいけない。

◉ネガティブ情報に振り回されると、決断力が鈍る

現代は、有り余るほどの情報に溢れています。

また、その中には、人の不安を煽《あお》るようなネガティブ情報も数なくありません。

アメリカの心理学実験で、次のようなものがあります。

実験に参加した人たちに、約5分間テレビニュースを見てもらいました。

そして、その後、「今、どのような感情を覚えていますか？」と尋ねたところ、「不安を感じている」と答えた人が多かったと言います。

それというのもそのニュースでは、それこそ人の心に不安を生じさせるようなものばかり放送していたからです。たとえば、

「景気が悪くなって、失業者が増えている」

「銃の乱射事件があって、死亡者が出た」

「地球温暖化のために異常気象が続いている」

といったものです。

このようなニュースを見ていれば、「自分の生活は、だいじょうぶだろうか？」と不安な気持ちになっても仕方ありません。

このような事情は、もちろん日本においても変わりありません。

そして、ネガティブ情報によって生じる不安から、予定していたことを「実行していていいのか、悪いのか」ということに迷いを感じ、結局、決断できないまま終わってしまうというケースも出てくるのではないでしょうか。

そういう意味では、感じやすい人は必要のないネガティブ情報はあまり耳に入れないようにする、といった生活上の工夫をしていくことも大切になると思います。

必要のないネガティブ情報は遮断する。

◉注意が必要な情報と、そうではない情報を区別する

次のような話を聞いたことがあります。

ある会社で働いている男性がいました。

彼は、以前から温《あたた》めていた新規事業の企画案を上司に提出しようと考えていました。そんな折に、彼はテレビや新聞で、「景気が悪くなって、色々な会社でリストラが行われている」というニュースを見たり聞いたり読んだりするようになりました。

幸いに彼の会社はそれほど業績は下がっておらず、リストラが行われる心配はなかったのですが、彼はそのようなネガティブ情報に接しているうちに、「我が社でもリストラが行われ、私がその対象になることもあり得るのではないか？」と、不安に感じるようになりました。

また、「このような状況で、新規事業の提案をするのは賢明ではないかもしれない。もしうまくいかなかったら、責任を取らされることになるだろう」と迷うように

なり、結局は企画の提案をしなかった、というのです。

このように時として、ネガティブ情報というものは、人の心に迷いをもたらし、決断力を奪ってしまうことがあるのです。

しかし、それほど心配しなくていいことに不安を感じ、そのために成功への決断を途中でやめる結果になるのは、その人の人生にとって残念なことだと思います。

そして、そのような残念な結果を招かないために大切なのは、「必要のないようなネガティブ情報は耳に入れないように心がける」ということだと思います。

もちろん、注意しておかなければならないネガティブ情報があるのは事実です。

しかし、一方で、今の自分とは関わりのないものもあります。

その区別をしっかりして、必要のない情報に惑わされないようにするのです。

注意の必要がない情報に惑わされない。

◉「将来への不安」が、心に迷いを与える原因になりやすい

ある調査で、多数の人たちに「どういうことに不安を感じますか」と聞きました。すると、「『現実に今直面している問題』に不安を感じる」という人よりも、「『将来的に悪いことが起こるのではないか』ということに不安を感じる」という人のほうが多かったのです。

言い換えれば、「現実問題」については、多くの人の場合、不安を感じている余裕などないのです。

たとえば、「収入が減った」という現実問題に直面している人は、とにかく「収入を増やすためには、どうすればいいか」ということを考え、そのために決断し行動を起こすことに一生懸命になると思います。

ですから、不安を感じている余裕などないのです。

むしろ、多くの人に不安という感情をもたらすのは、自分の将来に関することを考

える時なのです。

たとえば、「今は生活していくのに十分な収入があるが、ニュースなどを見ていると、収入が下がったという人も多いようだ。そういうニュースを見ていると、『自分も将来的に収入が下がって生活に困る事態になったら、どうしよう』と不安になってくる」という人が多いのです。

そして、「お金を無駄遣いするより、貯蓄に回すほうがいいのでは？」と迷いを感じ、家族で計画していた旅行を中止にする人も出てくるかもしれません。

つまり、「将来への不安」が問題なのです。

それが人の心に余計な迷いを与え、せっかく決めていたことを途中でやめることになるケースもあるからです。

「現実問題」に対しては、不安を覚えている暇などない。

◉「不安」とは、「将来に対する漠然《ばくぜん》とした予感」である

「不安」という感情を心理学的に定義すると、

「『自分にとって何か悪いことが起きるのではないか』という漠然《ばくぜん》とした予感」

ということになります。

つまり、「不安」とは、必ずしも、「今、現実に起こっている問題」に対する感情ではないのです。

それはむしろ、将来についての「漠然とした予感」なのです。

つまり、「『そうなる』とはっきりわかっているわけではないが、もし、そういう事態になったら大変だ」ということにすぎないのです。

そのような現実には起こっていない「漠然とした予感」のために迷い、そして大切な決断をできない、というのは悲しいことのようにも思います。

もちろん、そのような「漠然とした予感」を持ってしまうのには、それなりの理由

もあるのでしょう。

たとえば、「日本は、何十年かおきに大地震に見舞われる」という話を聞けば、「明日にでも、いや、今すぐにも地震が起こるかもしれない。そうなったら、どうしよう」と、漠然とした予感が働いて、不安な気持ちになってきます。

そのために、「家を買っても、すぐに地震で破壊されたら、お金を無駄に使うことになるのではないか？　今のまま、賃貸住宅に暮らし続けるほうがいいのではないか？」と迷うようになって、結局、「家を買う」という決断を取り止めにしてしまう人もいるかもしれません。

もちろん、地震対策を十分にしておくことは大切ですが、しかし、このような「漠然とした予感」に振り回されすぎないほうが賢明だと思います。

「漠然とした予感」に振り回されてはいけない。

◉一度決断したら、「今やること」だけに集中する

心理学的には、「不安」とは、「漠然とした予感」だと言えます。

つまり、確実なことではないのです。

恐らく、この「漠然とした予感」が現実のものになる可能性は10パーセントもないのではないでしょうか。

そのような「漠然とした予感」に振り回されて、夢を叶えるために決断したことを取り止めにしてしまうのは、その人の人生にとって非常に残念なことだと思います。

ですから、そのような「漠然とした予感」に振り回されないように心がけていくことが大切です。

禅の世界には、「不安などというものは、人間の頭が作り出した妄想にすぎない」という考え方があります。

心理学で言う「漠然とした予感」にしても、禅が言う「妄想」にしても、似通った

意味があると思います。

つまり、それは「現実的な問題ではない」ということなのです。

ですから禅でも、「そのような妄想、つまり、現実的でない問題に振り回されるのは愚かなことだ」と教えているのです。

禅では、妄想に振り回されないための方法として、「今に生きる」ということを勧めています。

一度、「夢の実現のために、こうする」と決断したら、そのために「今やらなければならないこと」だけに集中します。

将来どうなるか、ということについて余計な妄想が生まれないように、今だけに意識を集中することが大切だ、というのが禅の考え方なのです。

「不安とは、妄想にすぎない」と理解する。

第8章

「間違った決断」をしないためのコツ

◉焦って決断すると、間違ったことをしやすい

焦って何かを決断すると、あまり良い結果とならないことが多いようです。

そのために、後になってから、自分が下した決断を後悔する可能性も高まります。

たとえば、ある女性は、「早く結婚したい」という焦りから、ある男性との決断をしました。

しかし、その決断は、焦りが先走った末のものであって、その男性を本当に心から愛して結婚を決めたわけではなかったのです。

そのために、結婚してから、性格の違いが浮き彫りになって、結婚生活がギクシャクしたものになってしまいました。

その結果、結局は、結婚して一年で離婚をすることになったのです。

彼女は今、焦りから結婚の決断をしたことを後悔しています。

焦りから何かをしようとすると、このように「間違った決断」をすることになりが

ちです。

そして、後々、後悔することにもつながるのです。

ドイツの文豪であるゲーテ（18～19世紀）は、「焦ることは何の役にも立たない。後悔はなおさら役に立たない。焦りは過ちを増し、後悔は新しい後悔を作る」と述べました。

やはり、焦って何かを決断すると、そのために後悔することになりやすい、ということをゲーテはこの言葉で指摘しています。

言い換えれば、重大な決断をする時には、まずは、「気持ちを落ち着かせる」ということが重要になるということです。

落ち着いた気持ちでいてこそ、幸福を引き寄せる良い決断ができます。

後悔したくなかったら、落ち着いて決断するほうがいい。

◉「弱り目に、祟《たた》り目」にならないように、気持ちを落ち着ける

日本のことわざに、「弱り目に、祟《たた》り目」というものがあります。

何か困った状況に陥った、とします。

その時、その当事者とすれば、「この状況から早く抜け出したい」と、気持ちが焦ってきます。

しかし、往々にして、その焦りから間違った決断をして、さらに困った状況へとはまり込んでいく、ということもあるのです。

「弱り目に、祟り目」ということわざには、そのようにして「困っている状況から、さらに状況が悪化する」という意味があります。

言い換えれば、困っている状況にある時は、無暗に焦るのではなく、落ち着いた気持ちで冷静な決断をしていくことが大切だ、ということなのです。

アメリカの思想家であり、多くの本を書いたデール・カーネギー（19～20世紀）は、

「落ち着いて、最悪状態を好転させるよう努力することが大切だ」と述べました。

最悪の状態にある時こそ、「冷静に物事を決断していくことが大切だ」ということです。

そうでないと、状況がますます悪化していき、まさに「弱り目に、祟り目」ということになってしまうのです。

従って、困った時はすぐに何かを決断するのではなく、気持ちを落ち着けて冷静さを取り戻すために、少し「考える時間」を取るほうがいいと思います。

状況をよく見極めるために考える時間を取ることで、賢明な決断ができます。


すぐに決断するのではなく、考える時間を作る。

◉物事を決断する前に、深呼吸で気持ちを落ち着かせる

ある男性には、次のような経験があります。

仕事の打ち合わせのために取引先に向かっている時のことです。

彼は電車に乗って取引先へ向かっていましたが、このままでは約束の時間に5分程度遅れてしまいそうでした。

焦った彼は、電車を降りて、タクシーに乗ることにしました。

しかし、その決断が間違いでした。

交通渋滞に巻き込まれて、取引先との約束の時間に30分も遅れてしまったのです。

後になって考えてみれば、彼は、「その時間帯は、道路が渋滞することは十分に予想できた」と言います。

しかし、気持ちが焦っていたために、それに気づかなかったのです。

彼は、「5分程度の遅刻なら、謝れば、それほど問題にはならなかっただろう。し

かし、30分も遅刻してしまったので、取引先への印象を悪いものにしてしまった」と後悔しているのです。

この事例のように、冷静になって考えればわかることなのに、焦っている時には気づかない、ということはよくあるものです。

ですから、このような失敗をしないためには、「落ち着いて決断をする」ということを心がけることが大切です。

気持ちを落ち着かせるための良い方法は、たとえば、「深呼吸」があります。

気持ちが焦ってきたら、深呼吸してみるのです。

深く息を吸い、ゆっくりと息を吐くことで、気持ちが落ち着いてきて、何が賢明な決断かということがわかってきます。

焦っている時には「正しいこと」が見えなくなる。

◉「時間がない」からといって、焦った決断をしないほうがいい

ある女性は「仕事の締め切りが近づいてくると、気持ちが焦ってくる」と言います。

余裕で締め切りに間に合うのであればいいのですが、なかなかそうはいかないのです。

いつも「締め切りまでに仕事が間に合うかどうか微妙だ」という状況に追い込まれてしまいがちなのです。

そのために、「間に合わなかったら大変だ」と、気持ちが焦ってくるのです。

そして、「締め切りに間に合わせるために、仕事のやり方を変えてみようか？」と、迷い始めます。

しかし、彼女は、「よし、違ったやり方でスピードアップしよう」と決断して、良かったことはあまりないと言います。

余計に手間取ってしまって、かえって仕事が遅れてしまうことが多いのです。

それからの彼女は、気持ちが焦ってきた時には、意図的に「落ち着いて、慎重に仕事を進めるようにする」と決めているのです。

結局、慌ててバタバタするよりも、そのほうが仕事が早く終わるようです。

「急《せ》いては、事を仕損《しそん》じる」ということわざがあります。

これには、「焦って、急いで物事を片づけようとすれば、かえってうまくいかない」という意味があります。

また、「急がば回れ」ということわざもあります。

これには、「急いでいる時ほど、遠回りするようにして、慎重に物事を進めるほうがいい。そのほうがうまくいく」という意味があります。

焦って決断しても、思い通りの結果にはならない、ということです。

急いでいる時ほど、落ち着いて慎重に物事を進める。

◉プレッシャーを感じると、「間違った決断」をしやすい

プレッシャーを感じることが、「間違った判断」をする原因になることがあります。

たとえば、夫婦で買物に行きます。

その際、夫がどれを買おうか迷っている時に、妻から、

「ねえ、はやく決めてよ。次の予定があるから、のんびりしていられないんだから」

と急《せ》かされます。

この「早くしてよ」という一言がプレッシャーとなって、慌ててしまって、「これでいいや」と決めてしまいます。

しかし、後になって、「別のものを買えば良かった」と後悔する、といったようなケースもあるようです。

そういう意味で言えば、「早くしてよ」と、相手にプレッシャーをかけるようなことはしないほうがいいでしょう。

それは相手に、間違った決断をさせてしまうことにつながるからです。

また、相手から「早くしてよ」とプレッシャーをかけられるようなことがあっても、そこで慌てて物事を決断しないように心がけるほうが後悔しないと思います。

相手から「早く」と言われても、あくまでも自分のペースを守って、落ち着いた気持ちで物事を決めるほうが得策です。

もし落ち着いて物事を決められないのであれば、その時にはモノを買うのをやめて、また改めて一人で買物に来て、欲しいものを検討する、という方法もあると思います。

そうすれば、買ったモノを後で後悔するということもないのではないでしょうか。

とにかく、人から言われたことをプレッシャーに感じ、慌てて物事を決断しないほうが賢明です。


人から急かされた時は、決断を遅らせてもいい。

◉「勝たなければならない」という思いがプレッシャーになる

ある将棋の棋士《きし》が、次のような話をしていました。

「『絶対に勝たなければならない』という強い思いが、かえってプレッシャーになってしまうことがある。そして、そのプレッシャーのために心が動揺して、間違った決断をしてしまうことがある」

「絶対に勝つ」ために打った一手が、かえって自分で自分を窮地に追いやってしまうのです。

ですから、彼は、「次の一手を、どう打つか、ということを決断する時には、あくまでもプレッシャーを払いのけて、冷静に考えて次の一手を打つことが大切だ」と言います。

では、この棋士が、プレッシャーを感じた時に、どのようにして冷静さを取り戻すのかと言えば、それは、「過去の経験を思い出す」ということです。

つまり、「これまでもプレッシャーを感じる数々の対局を勝ってきた。今度も勝てる」と、自分に言い聞かせるのです。

そうすると、「自然に気持ちが落ち着いてくる」と彼は言います。

そして、冷静に「次の一手を、どうするか」を決断できるのです。

その冷静な決断に基づいた一手は、勝利を呼び込む一手にもなります。

一般の人たちも、「仕事を成功させなければならない」「このことで失敗はできない」というプレッシャーを感じる時もあると思います。

その時は、気持ちを落ち着かせる意味で、自分の過去の成功体験を思い返してもいいと思います。

おそらく、自信がよみがえって、気持ちが落ち着いてくるでしょう。

「過去の成功体験」を思い出して、気持ちを落ち着かせる。

◉モノを捨てるかどうかは、「瞑想」によって決断する方法もある

「家にあるものを捨てる」という時に、「捨てるか、取っておくか迷ってしまう」という人も多いようです。

たとえば、長年生活しているうちに家の中にモノが増えてしまって、タンスや物置に収まりきらなくなる場合です。

そのために生活空間が狭くなり、快適に暮らしていけないものですから、「この際、要らないモノを処分しよう」と思います。

しかしその際に、往々にして「これを捨てようか。いや、捨てるのはもったいない」などと散々迷ってしまいます。

また、「これを捨てよう」と決断し処分したモノを、後になってから「あれを捨てなければよかった」と後悔することもあります。

このようなケースで、捨てるモノと、捨てないモノを賢明に見極める方法として

「瞑想」があります。

少しの時間、目を閉じて心を静めて、瞑想してみるのです。

そして、「このモノが私の身近にあることで、私は快適でいられるだろうか」と、自分自身に問いかけてみます。

その際に、快適な気持ちになってきたとしたら、そのモノを捨てないほうがいいと思います。

一方で、そのモノが身近にあることで、不快な気持ちになってくるようだったら、思い切ってそのモノを捨てるほうがいいかもしれません。

この「瞑想」という方法も、自分の気持ちを落ち着けて、冷静に物事を判断することに役立ちます。

「瞑想」をして、気持ちを落ち着けて決断する。

◉自然に心が決まるまで、じっくりと考えてみる

ある時、ある女性は転居することを決めました。

どこに転居するかに当たって、彼女には、住みたい街が四つありました。

それは、A地区、B地区、C地区、D地区です。

彼女は、不動産業者を回って情報を集めたり、実際に、その街へ行ってみたりしました。

しかし、どこの街に転居するか迷って、なかなか決められないでいたのです。

そこで、一カ月間、じっくり考えることにしました。

そうしたら、次第に考えが固まってきたのです。

そして、彼女はA地区に転居することに決断しました。

このように、あることについて、じっくりと考えていると、ふっと何かを決断できることがあります。

決断するには、「いつまでに決断しなければならない」といったようにタイムリミットが決められているものもあります。

一方で、転居など、プライベートのことに関しては、タイムリミットがないものもある場合もあります。

この事例のように、もしもタイムリミットがないものであれば、「時間をかけて、じっくり考えてみる」という方法を取ってもいいと思います。

即座に決めようと思うと、焦ってしまって、後で後悔することにもなりがちです。

しかし、十分に時間をかけて、自分自身で納得できるまで考えることができれば、後で後悔することはないでしょう。

考えが固まって、整理できるまで、考え続けてもいいのです。

急がない時には、時間をかけて考えてみる。

◉迷った時には、実際に現場に行って、実際に見てみる

ある40代の主婦は、近所にあるスポーツクラブに通うことにしました。

彼女の自宅の近くには、三つのスポーツクラブがあったのです。

彼女は、その三つのうち、どのスポーツクラブに通うか迷いました。

なかなか決められなかったので、彼女は、近所に住んでいる人たちに、それぞれのスポーツクラブの評判を聞いたり、また、パンフレットを取り寄せて情報を集めたりしてみました。

しかし、それでも、どのスポーツクラブにするか決められませんでした。

そこで彼女は、実際に、それぞれのスポーツクラブに行ってみることにしたのです。

三つのスポーツクラブへ行ってみて、スタジオやジムマシーン、プールやお風呂などを実際に見せてもらって、その上で比較検討してみて、「ここに通う」ということを決めたのです。

この事例のように、何かに迷った時には、「その現場へ実際に行ってみる」ということが決め手になります。

実際に現場に行って、その現場を実際に見てみることで、それが大きな決断材料になるのです。

この「現場へ行ってみる」という方法は、スポーツクラブに限らず、たとえば、趣味の会や、読書会、勉強会などに入会するような時にも応用できると思います。

いくつか候補がある中で、どの会に行ってみようか迷った時には、その場に行って、実際にその場の雰囲気を感じてみるのです。

それが決断の手助けになるからです。

現場を見ると、それが大きな判断材料になる。

◉迷った時には、「試しにやってみる」という方法もある

「間違った判断」をしないための方法の一つとして、「迷った時には、試しにやってみる」というものがあります。

たとえば、習い事の講習会などには、よく「体験入会」というものがあります。

ある女性は、以前から趣味として手芸教室に通いたいと思っていました。

ちょうど近所に手芸教室を開いている先生がいたので、そこに通わせてもらおうかと考えました。しかし、一方で、

「私のような初心者でも、ついていけるだろうか？」

「参加している人たちに、受け入れてもらえるだろうか？」

ということに不安を覚えて、迷ってしまいました。

ただし、その教室に通いたいという気持ちが強かったので、とにかく相談してみることにしてみました。

すると、教室の先生から、「体験入会という制度があるので、とりあえず試しに教室へ来てみたらどうですか」と言ってもらえました。

そこで彼女は、勧められた通り、試しにその手芸教室に行ってみることにしました。

彼女は体験入会で三回教室に通ったと言います。

その三回とも「楽しく手芸を習えた」ことから、彼女はその手芸教室に入会する決断をしたのです。

このようにして、「迷った時には、試しにやってみる」という方法もあります。

ちなみに、試しにやってみて、「楽しいこと、ラッキーなことが何度か続いたら、それはゴーサインである」という法則もあります。

それは、「参加を決断してもいい」というサインなのです。

試しにやってみてから、最終的な決断をしてもいい。

◉失敗を怖れて何もしないことが、もっとも大きな「間違った決断」になることもある

「間違った決断」というのは、必ずしも、あることにチャレンジする決断をして失敗する、ということではないと思います。

もっとも大きな「間違った決断」とは、失敗することを怖れて、何もしないままでいる、ということではないでしょうか。

しかし、チャレンジして失敗することをそれほど怖れることはないと思います。

もっと楽天的に考えてもいいでしょう。

つまり、「失敗したら、別の方法を試してみればいい」のです。

失敗することがあったとしても、そこで人生が終わってしまうわけではないのです。

人生が続く限り、何度でもやり直すことができます。

ですから、あまり心配する必要はありません。

アメリカのＳＦ作家であるロバート・ハインライン（20世紀）は、「ドアというドアを試せば、必ずそのひとつは夏に通じる」と述べました。この言葉にある「ドア」とは、「成功する可能性」を意味しています。

そして「夏」とは、「成功を実現すること」を示しています。

つまり、「もし成功する可能性があることを見つけたら、試しにそれを実行してみればいい。失敗することもあるかもしれないが、試していけば、そのうち必ず成功へとたどり着くことができる」ということを言っているのです。

言い換えれば、「ドア」という成功する可能性を見つけた時、失敗することを怖れてそのドアを開かないでいることこそが愚かなことである、ということを示しています。

もし可能性があるのであれば、とりあえず試しに、「そのドアを開いてみよう」と決断し、それを実行することが大切です。

失敗したら、またやり直せばいい。

◉成功とは、一度のチャレンジで手にできるものではない

アメリカの発明王に、トーマス・エジソン（19〜20世紀）がいます。

彼は、蓄音機や映写機、白熱電球など数多くの発明をして、現代の音楽や映画のエンターテイメント産業や、電気を使った社会の基盤を作った人物としてよく知られています。

ただし、エジソンは、いくら発明の天才だったとはいえ、それらの発明品を簡単に作り上げたわけではありませんでした。

何度も何度も失敗を繰り返しながら、やっとのことで発明を成功させていたのです。

そのエジソンは、「成功するのにもっとも大切な方法は、失敗することがあっても常に『もう一度試してみよう』と考えることだ（意訳）」と述べました。このエジソンの人生と、そして、エジソンの言葉は、「迷いを吹っ切って、何かを決断する」ということに当たって参考になると思います。

「これをやれば成功する」と考えて決断したとしても、それがうまくいくとは限りません。

むしろ失敗することの方が多いのかもしれません。

しかし、そこで落ち込むことはないのです。

なぜなら、「別の方法で、もう一度試してみよう」と、また新たな決断をすればいいのです。

成功というものは、決して、一度のチャレンジで手にできるものではないと思います。

何度も何度もチャレンジし、繰り返し色々なことを試すことで、その結果成功を手にできることも多いようです。

失敗の数だけ、成功に近づいている。

第9章

自分を肯定的に受け入れる

◉「決断できない自分」を、あまり否定的に考えないほうがいい

「決断力がない」

「迷ってばかりいる」

という悩みを持つ人がいます。

そんなタイプの人にとって、まず大切なのは、「決断力のない自分を否定的に考えない」ということです。

つまり、

「決断力がない私は、何をやってもダメな人間だ」

「迷ってばかりいる私は、きっと幸せな人生を歩んでいけないだろう」

といったように否定的な考え方にとらわれないようにすることが大切です。

このような否定的な考え方でいると、自分の性格についてますます悩み込んでしまいます。

そのために前向きに生きていこうという意欲が失われていくことになります。

従って、まずは、

「私は決断力がないかもしれないが、そんな私でも成功する方法はたくさんある」

「迷ってばかりいる私だけど、そんな私でも幸福になれる」

といったように、自分を肯定的に考えるのです。

そうすれば、自分の未来に明るい希望を持てます。

また、今よりもずっと楽な気持ちで生きていけると思います。

「私でも成功できる」「私も幸せになれる」と、自分を肯定的に考えると、そこに「生きる原動力」がどんどん湧き出してきます。

その原動力が、また、「迷いを吹っ切り、決断する」ための力にもなります。

迷ってばかりいる人でも幸せになれる。

◉「迷う」とは、「深く探求すること」でもある

イギリスの物理学者に、アイザック・ニュートン（17～18世紀）がいます。

「リンゴの実が木から地面に落ちていく様子を見て万有引力《ばんゆういんりょく》の法則を発見した」という逸話で有名な科学者です。

彼は、この「万有引力の法則」について、次のような言葉を述べています。

「私は、年がら年中、万有引力のことばかりを考えていた」というのです。ニュートンは、簡単に、万有引力の法則を発見したわけではありませんでした。

「何が真理なのだろうか？　私の考え方は正しいのだろうか？　間違っているのだろうか？　どうすれば間違いを修正できるだろうか？　どのように考えれば心理に近づくことができるだろうか？」ということを、年がら年中、毎日毎日、迷いながら考え続けたことで、やっと万有引力の法則を発見したのです。

言い換えれば、「迷う」ということは、そのことについて「深く探求する」という

ことでもあるのです。

そして、深く探求することで、それが画期的な発見につながるということなのです。

そういう意味から言えば、「迷う」ということは決して悪いことではありません。

「迷う」ということには、とても生産的な意味があるのです。

ですから、今、色々と迷いながら「これだ」という正解を見つけ出せないでいるとしても、それを否定的に考えることはないのです。

むしろ、プラス思考で、「私は日々迷いながら、一歩一歩、画期的な発見に近づいている」と考え、じっくりと決断すればいいのです。

そうすることで「迷う自分」を肯定的に受け入れ、前向きに生きていけます。

迷うことで少しずつ「画期的な発見」に近づいていく。

◉迷うのは「後退」ではない、むしろ「前進」である

ある会社で働く男性は、社長から、「会社の業績を飛躍的に伸ばすような、画期的なプロジェクトを企画立案してくれ」と命じられました。

彼は頭をひねって色々と考えましたが、なかなか良い案が思いつきませんでした。

企画候補はたくさんあるのです。

しかし、「ああでもない、こうでもない」と迷ってばかりで、「これなら必ず成功する」と決断できるものを見つけられなかったのです。

そのうちに彼は、

「迷ってばかりいるのは、私に能力がないからだ」

「迷ってばかりいる私は、社長から見限られてしまうに違いない」

とマイナス思考に陥っていくようになったのです。

この事例からもわかるように、人は「迷ってばかりいて、正解を見つけられない」

という状況が長く続くと、往々にして、マイナス思考に傾いていきがちです。

しかし、こういう時こそ、意識して、プラス思考を心がけることが大切です。

たとえば、「『迷う』とは、ある意味、『前進すること』だと言える。あれこれ迷いながら私は、少しずつ『画期的なプロジェクトの発見』へ向けて前進している」といったように、「迷っている」という現状をプラス思考で捉え直してみるのです。

そうすれば、自分の能力に対して否定的な考えに陥っていくこともないと思います。

実際に、「迷う」ということは決して「後退」ではありません。

それは「成功から遠ざかる」ということではないのです。

「迷う」とは、言い換えれば、「真剣に考える」ということでもあります。

物事を真剣に考え続けている限り、その人は成功に向かって一歩一歩近づいていくのです。


迷ったからといって、自分の能力を疑ってはいけない。

◉いったん決めたら、心にプラスの思考を注ぎ込む

「迷ってばかりいて、物事を決められない」という人は、「自分が決めたことに対して、不安を持つ」という心理傾向があるようです。

たとえば、車を購入しようと思います。

そこで、「どのメーカーの、どの車種にしようか」と検討します。

しかし、このような人は「このメーカーの車種がいいように思うけど、もしこの車に決めたら後で後悔するような気がする」と、不安な気持ちになってしまいます。

ならば、また別のメーカーの車種にしようかと考えますが、しかしそこでも「この車種では、すぐに飽きてしまうことになるのではないか」と、不安になってきてしまうのです。

このようにして何を選んだとしても、新たな不安が次から次へと頭の中をよぎってきてしまうのです。

そのために、「いつまでも決められない」ということになりがちです。

このような事態にならないために大切なのは、頭の中で不安が生じないように、頭の中をプラス思考で一杯にする、ということです。

検討した結果、「この車にしよう」と決めたとします。

そうしたら、そこからはプラス思考に徹します。

「この車でドライブしたら、気分がいいだろうなあ」

「この車に家族を乗せたら、家族は喜ぶに違いない」

といったように、プラスの光景を頭の中にどんどん注ぎ込んでいきます。

そうすることで、たとえ不安に思うことがあっても、その不安はすぐに薄まって、消えてなくなっていきます。


良いことを考えて、不安な思いを解消する。

◉中途半端な状態でいるのが、運命にとっては一番悪い

いつまでも決断できず、中途半端な状態でいるのは、その人の人生にとっては決して良いことではありません。

勤めていた会社から独立して、自分で事業を始めようと考えていた男性がいました。

しかし、なかなか決断できないでいました。

「自分で会社を始めて、もし失敗したら、どうすればいいのか」ということが不安に思えてきて、思いきった決断をできなくなってしまったのです。

しかし、あきらめきれませんでした。

「独立したい」「でも、失敗しないかと不安だ」「しかし、あきらめたくない」と、気持ちが揺れ動いて、ずるずると時間ばかりが過ぎていきました。

このような中途半端な状態でいたために、勤めている会社での仕事にも身が入らないのです。

かといって、勤めている会社を辞めて、思い切って独立する決断も、やはりできないままなのです。

このような中途半端な状態に陥らないためのコツは、「プラス思考」にあります。

「自分で会社を始めたい」という強い思いがあるのであれば、

「会社がうまくいって、経営者として脚光を浴びることになるだろう」

「自分の会社がたくさんの人たちに喜びを与えることになるに違いない」

「経営者として、充実した日々を過ごせるようになる」

と、プラスの情報を心の中にどんどん送り込んでいきます。

そうすれば、不安な気持ちを打ち消して、強い決断力と行動力を発揮できるのではないでしょうか。

夢を叶えた時の、良いことだけを考える。

◉不安という感情で、心がサビないよう注意する

アメリカの神学者に、トライオン・エドワーズ（19世紀）がいます。

彼は、「不安は人生を損なうサビであり、人生の輝きを破壊し、生きる力を弱める（意訳）」と述べました。

この言葉にある「サビ」とは、金属などにつくサビのことです。

金属の部品などにサビがつくと、そのために部品がうまく作動しなくなり、その器具や機械の故障にもつながります。

それと同じように、人の心に不安が生じると、そのために心がサビるのです。

そのために心は、その輝きを失い、生きる力も弱まっていきます。

そして、決断力も鈍り、いつまでも決められないまま迷ってばかりいる、ということになります。

もちろん人間ですから、何かを不安に思うことはあると思います。

不安もまた、人間の自然な感情の一つだからです。

しかし、その不安のために心がサビてしまわないよう注意しておく必要があります。

不安のために心がサビてしまえば、そのために、その人の人生が台無しになる可能性が大きくなるからです。

ではどうすればいいかと言えば、もし不安を感じた時には、その不安の感情を心から消し去るために、プラス思考で、夢や希望など、いいことをたくさん思い浮かべる、ということが大切になります。

その願望や希望が、不安という感情を消し去っていきます。

いいことを思い浮かべれば、希望を持って生きていける。

◉「不安」という感情は、原始時代の人間の心で生まれた

原始時代、人間はとても弱い存在でした。

周囲には、野獣などの強い外敵がたくさんいました。

そして、いつ外敵から襲われるかわからない状態にありました。

そのような状況の中で、不安という感情が生まれたのではないか、とも言われています。

「外敵に襲われたら、どうしよう」という不安があるからこそ、「襲われないように、いつも注意しておこう」と考えたのでしょう。

そういう意味で、不安とは、ある種の自己防衛の感情であると言われているのです。

しかし現代は、危険な場所に行かなければ、外敵に襲われる危険などほぼありません。

ただ、不安という感情は、現代人の心の中にも強く残っています。

そういう意味で言えば、現代の人たちは、必要以上に不安を強く感じすぎる、という心理傾向があるのかもしれません。

言い換えれば、だからこそ、実現したら楽しいこと、うれしいことをたくさん思い浮かべる必要があります。

不安という感情でサビた、また、汚れた心の中に、「希望」というきれいな水をたくさん注ぎ込むのです。

そうすれば心から不安が払拭《ふっしょく》され、心がきれいな状態になっていきます。

心がきれいになれば、前向きに生きる意欲も強まって、人生の迷いを吹き払って決断することもできるようになります。

現代人は特に、希望をたくさん心に抱く必要がある。

◉「あきらめる」ということも、プラス思考で考えていく

人生では、時に、「あきらめる」という決断をしなければならない時もあります。

その時の状況によって、どうしても「やりたいこと」をあきらめなければならないこともあるのです。

しかし、もしそういう状況になったとしても、「あきらめる」ということを否定的に考えるのではなく、肯定的に受け入れていくのが良いと思います。

ある男性は、学生の頃、音楽活動をしていました。

また、大学を卒業したら、プロのミュージシャンになりたい、という夢もありました。

彼の実家は、地方で工務店を営んでいました。

その工務店の経営者であった父親が病気になったのです。

彼は、父から、「大学を卒業したら実家に戻って、工務店の仕事を手伝ってくれな

いか」と頼まれました。

彼は散々、迷いました。

そして、最終的には、父の頼みを受け入れて、プロのミュージシャンになる夢をあきらめて、実家の公務店の仕事を手伝う決断をしたのです。

その際、彼はプラス思考で、工務店の仕事で活躍する自分を強くイメージしたと言います。

また、工務店のお客さんに喜んでもらっている自分をイメージしました。

その結果、これからの人生に希望を持つことができ、夢をあきらめる決心もついた、と言うのです。

「あきらめる」という状況においても、プラス思考でいることが大切です。

人間には「あきらめる決断」をしなければならない時もある。

◉あきらめることを、「最良の選択だった」と考える

イソップ物語に、『酸っぱいブドウ』という話があります。

お腹を空《す》かせたキツネが「何か食べ物はないか」と、森の中を歩いていました。

そのキツネは一本のブドウの木を見つけました。

そのブドウの木には、ちょうど食べ頃のブドウの房が実っていました。

キツネは喜んでブドウの木に駆け寄ると、ブドウの房を取ろうと飛び上がりました。

しかし、ブドウの房は高い場所にあって、キツネがいくら一生懸命に飛び上がっても手が届かないのです。

結局、そのキツネは、ブドウを食べるのをあきらめるしかありませんでした。

そのキツネは、「これは酸っぱいブドウだったんだ。食べなくて良かった」と言い残して、その場を立ち去りました。

本来、そのキツネはブドウを食べられなかったのですから、そのブドウが酸っぱい

かどうかはわからなかったのです。

しかし、「酸っぱいブドウを食べなくて良かった」と言い残して去るのです。

実は、この話は、何かをあきらめなければならない時、どのように考えればいいか、ということを示しています。

人間も、時に、「〜したい」という思いをあきらめなければならない時もあります。

その時に大切なのは、「あきらめなければならないのは、私の能力が足りないからだ」といったような否定的な考えを持たない、ということです。

むしろ、「あきらめることが、私の人生においては最良の選択だった」と、プラス思考で考えるのが良いのです。

そうすることで自分を肯定的に受け入れることができます。


「最良の選択をした」と考えることで、肯定的に受け入れる。

植西 聰（うえにし あきら）

東京都出身。著述家。
学習院高等科・同大学卒業後、資生堂に勤務。
独立後、人生論の研究に従事。
独自の『成心学』理論を確立し、人々を元気づける著述活動を開始。
1995 年、「産業カウンセラー」（労働大臣認定資格）を取得。

〈主な著書〉
・増補新版 人生がうまくいく！「動じない心」の作り方（マイナビ出版）
・「折れない心」をつくる たった１つの習慣（青春出版社）
・平常心のコツ（自由国民社）
・「いいこと」がいっぱい起こる！ブッダの言葉（三笠書房・王様文庫）
・人生を変えるすごい出会いの法則（青春出版社）
・上機嫌のつくり方（自由国民社）

人生に迷わない！
「決断力」の磨き方

2024 年 10 月 20 日　初版第 1 刷発行

著　者　　植西聰
発行者　　角竹輝紀
発行所　　株式会社マイナビ出版
〒 101-0003　東京都千代田区 一ツ橋 2-6-3 一ツ橋ビル 2F
TEL：0480-38-6872（注文専用ダイヤル）
TEL：03-3556-2731（販売部）／ 03-3556-2735（編集部）
E-mail：pc-books@mynavi.jp
URL：https://book.mynavi.jp

デザイン　　株式会社パス
DTP　　富宗治
校正　　菅野ひろみ
印刷・製本　　中央精版印刷株式会社

◎定価はカバーに記載してあります。
◎落丁本、乱丁本はお取り替えいたします。お問い合わせは TEL：0480-38-6872（注文専用ダイヤル）、または電子メール：sas@mynavi.jp までお願いいたします。
◎内容に関するご質問は、編集 3 部 2 課までメールにてお問い合わせください。

ISBN978-4-8399-8700-8
Printed in Japan

〈マイナビ文庫の好評既刊〉

増補新版
人生がうまくいく！
「動じない心」の作り方

植西聰 著

本書の姉妹本！
33刷のロングセラーを
加筆修正した増補新版！

人の心は常に揺れ動いています。不安になったり、落ち込んだり、怒ったり、舞い上がったり……。
しかしそのような「心の乱れ」は、夢に向かってまい進する力、問題を解決するための冷静な判断力を奪ってしまいます。
本書はどんなことがあっても「動じない心」で前向きに生きるために必要な心構えを、仏教の教えも盛り込みながら、わかりやすくまとめた一冊です。
